Manuel des Prières
à
Sainte Rita

Ouvrages du même auteur :

- ***Manuel des Prières à la Vierge*** (éditions Cristal)

- ***Manuel des Prières à Saint Benoît*** (éditions Cristal)

- ***Dictionnaire pratique des Saints*** (éditions Exclusif)

Éditions **Cristal**
60, avenue Charles-de-Gaulle
92200 Neuilly-sur-Seine.
Tél. : 01.46.43.09.24.
E-mail : cristal.edit@wanadoo.fr

Imprimé en CEE

I.S.B.N. : 978-2-8489-5095-2

Émilie Bonvin

Manuel des Prières
à
Sainte Rita

EDITIONS
CRISTAL

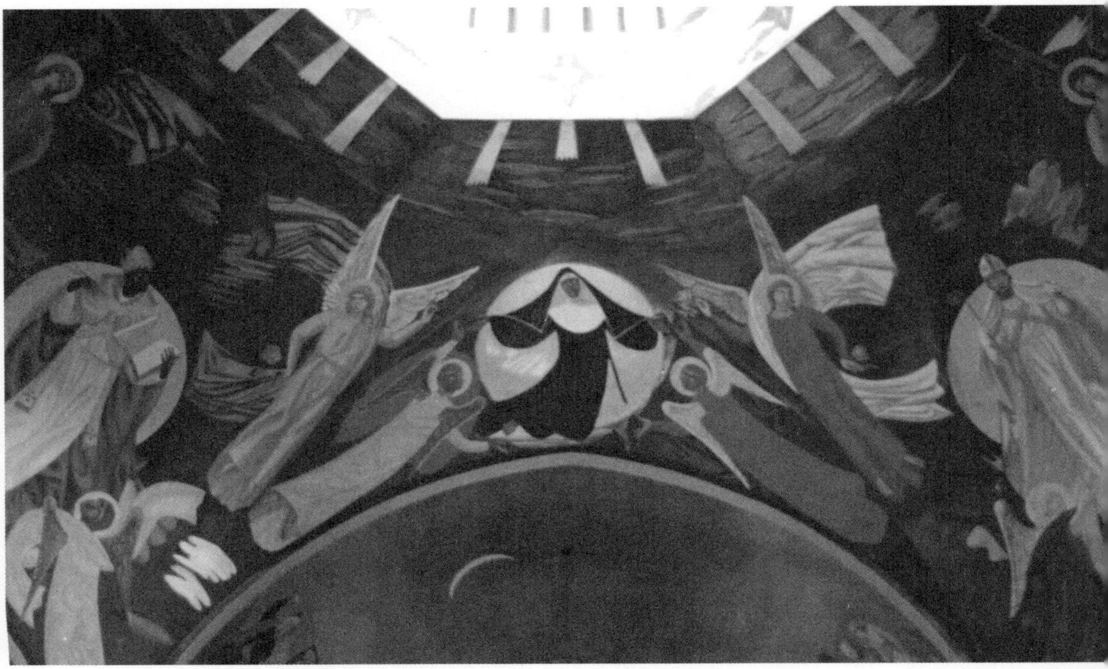

Portrait de Sainte Rita peint sur la voute de la basilique de Cascia.

La Prière

Une “manière d’être au monde” …

La prière est toujours cette merveilleuse élévation de l'âme vers Dieu, ou vers un saint, qui donne au croyant son sens, son être, sa réalité humaine. Qui précise même, en chacun, sa propre identité. S’il s’agit, évidemment d’exprimer son adoration sa vénération à Celui qui est toute Présence, aux saints de charité prompte, si l’on peut offrir ses remerciements ou demander de l’aide voire une faveur, il faut bien savoir que la prière est aussi un art de vivre. Un art de vivre sa foi, un art de vivre en soi. Une “manière d’être au monde” …

Prières diverses

Il est des moments où la prière est austère, grave. Nous pouvons vivre aussi les instants de l’angoisse, quand la prière est cri ou bien gémissement, expression spontanée d’une intense douleur ! Mais il y a d’autres moments durant lesquels on peut vivre et pratiquer la prière comme une conversation en toute confiance avec le Père, le Fils, la Très sainte Marie ou avec un saint. C’est alors une pratique simple, quotidienne, voire constante. S’il faut souvent observer des rituels, dire des Pater ou des Ave pour certaines formes de prière, la prière plus familière qui nous accompagne dans la vie peut se montrer plus simple, plus “familiale”. Particulièrement avec les saints que l’on prie pour obtenir leur intercession. On peut ainsi vivre une dévotion tendre qui réconforte sans cesse au milieu des aléas et des complications tumultueuses de nos vies !

Présences

Oui, il faut bien penser que la prière n'est pas seulement l'acte par lequel on s'adresse au Seigneur, au Christ, aux saints pour obtenir leur intercession auprès de Dieu. Ni qu'elle n'est que la louange. Car, si ces choses sont importantes, cruciales, au sens propre, vitales autant qu'indispensables, on doit aussi prendre conscience que, si la Foi nous mène, notre vie entière peut devenir une prière quasiment constante. On avance dans l'existence à côté du Seigneur, l'Unique en trois Personnes. On marche sur le chemin d'Abraham en compagnie d'un saint aimé qui nous aide à avancer vers plus de clarté, de pureté, d'amour. Merveilleuses présences de ceux qui aiment toujours !

Rita, la pure

Parmi les saints qui accompagnent avec douceur et compassion le chrétien sincère, il faut bien reconnaître que Rita, l'humble Rita de Cascia, semble particulièrement indiquée. N'est-elle pas la “sainte des causes désespérées” ? Mais elle n'est pas cela seulement. Elle est consolation, auxiliation, pureté ! Elle est toute compassion, sollicitude et grâce ! Tout en elle est amour ! Elle a vécu, de détresse en malheur, elle demeura fidèle, constante, pleine d'humilité, elle résista, pria avec une force splendide qui, n'en doutons pas, rayonnera sur celui ou celle qui la priera sincèrement. Sainte Rita est exemplaire, certes. Mais en même temps, par sa chaleureuse humanité, elle demeure proche de nous... On se tourne vers elle tout naturellement : Ça “va de soi”... Car elle fut Rita, bafouée, battue, Rita refusant de céder au désespoir, se battant contre sa propre tristesse ! Elle fut Rita, femme énergique, sachant lutter contre la désespérance, le fatalisme, la dépression, la grande douleur. Elle savait que Dieu exauce la prière ! Que, lorsqu'elle est sincère, la prière est toujours exaucée. Et que c'est par l'inspiration, par le respect pour l'Évangile par l'obéissance à l'Évangile, que l'on peut se préparer à la rencontre du Dieu éternel, l'incréé, par l'intercession d'un saint, d'une sainte. Et cette partie du message de Rita n'est pas la moins précieuse!

Force silencieuse

Rita, en effet, par cette force silencieuse dont elle fut habitée, peut nous accompagner avec tendresse. Avec elle, on avancera jusqu'au jour où nous rencontrerons le Seigneur face à face. Elle saura nous aider à ne pas nous fourvoyer tout en nous laissant libre, en connaissance de cause, d'aller où bon nous semble. Alors, si nous nous enfonçons sur le chemin du péché, de la perte, sa voix sera en nous pour nous appeler qu'il y a un bon chemin et, si nous le voulons, ce rappel nous permettra de sauver notre être si fragile devant les tentations de la vie, les séductions du Malin, la facilité, le péché... Avec elle, nous prendrons de plus en plus conscience que toute prière est un acte d'amour, dû à la mystérieuse collaboration de la volonté humaine et de la grâce, quelle qu'elle soit! Et qu'il existe un certain "bonheur d'être" chez qui prie souvent et agit conformément à cette action d'être en Dieu, avec Dieu dans sa vie. En le cherchant, en demeurant humble.

La prière simple et vraie

Dans cet ouvrage on verra de nombreuses oraisons à sainte Rita: On trouvera de belles et bonnes prières, anciennes, traditionnelles, venues des siècles passés. Des prières qui sont comme "chargées" d'énergie par la foi profonde de ceux qui les ont dites avant nous. D'autres, plus modernes correspondront à certains états particuliers de la foi. Mais nous avons tenu à privilégier la prière simple et vraie, qu'elle soit ancienne ou contemporaine, due à un auteur pétri de foi intense et dont le talent provient de l'amour autant que du métier. Car le poète qui écrit une prière, même s'il n'est pas un saint, sait que l'inspiration dépasse en ce cas ce qu'on appelle ainsi dans le langage courant! On saura choisir facilement les textes de prière mentale, prélude à une parole intérieure personnelle qu'elle prépare avec une efficacité certaine. On trouvera aussi des oraisons vocales à murmurer, à marmonner à "mâcher" comme une nourriture vivifiante, un festin de lumière.

Proclamer la foi

D'autres textes sembleront à certains plus propres à la diction à haute voix, à voix forte en proclamant la foi. À dire, déclamer, psalmodier ou chanter ! Mais toute sont prières ardentes, ferventes, humbles, qu'il s'agisse de prières d'adoration, d'action de grâces, de demande. Chacune présente un accent particulier et sera facilement "incorporée" dans l'esprit du Chrétien assidu. À chacun son accent, son attitude ! Le principal est l'esprit de prière, l'intention de prière. La vérité de soi à soi.

"Fille de Job" ?

Avant de raconter la vie de Sainte Rita, que nous suivrons pas à pas, il convient de la relier au monde et à nous, à tous et à chacun. Car c'est une sainte particulièrement chaleureuse et intime. Certains la disent "fille de Job", expression un peu rapide, mais qui n'est certes pas dénuée de sens ! Car, avant d'être la "sainte des causes désespérées", Rita fut celle de la fidélité, de la foi tenace. Comme Job, elle pose le problème insoluble de la coexistence du mal et de Dieu dont les tentatives d'explication se nomment "Théodicée". La vie de Job, comme celle de Rita, par des aspects différents posent ce problème d'une façon particulièrement vive. Si Job est lié à son époque et même s'il nous est cher, la simplicité de Rita nous semble plus familière, plus quotidienne, plus accessible.

Messages paradoxaux

Le message de Rita, comme celui de Job semblent paradoxaux ! Certes, tous deux exhortent à la fois, à la fidélité, à la droiture.

Mais on y voit aussi un aspect dérisoire de ces vertus. Comme s'il y avait une prise de distance avec le dogme et ce qu'il y a de trop formel dans la pratique religieuse. Allons jusqu'à dire qu'on peut y trouver un humour presque cynique, s'opposant à ce qu'il peut y avoir de trop formel, voire formaliste dans la prière et l'observance des rites d'une façon trop "mécanique", en oubliant la profondeur de l'être et aussi celle du "geste" de la prière, du rituel et des trop "bonnes consciences" de ceux qui les observent scrupuleusement tout en oubliant leur vrai sens sacré.

Intériorité

Ce qui revient à dire que, dans les deux cas, il y a, par la vie de croyants exemplaires, une sorte de "retour à l'intériorité", une volonté de retrouver la foi en soi, en complémentarité avec ses manifestations extérieures qui ne doivent pas faire oublier le rapport individuel que nous devons entretenir avec Dieu et les saints. Un refus de l'inadvertance pour restaurer une conscience accrue de la signification du message chrétien. Et c'est ce qui donne son sens à l'histoire de sainte Rita ! Elle n'est pas seulement une pauvre femme qui a subi bien du malheur. Son malheur nous est offert afin qu'il serve à notre salut. La foi a permis à sainte Rita de transformer une vie dure, une existence difficile en don, en exemple, en outil de réconciliation avec soi-même et les autres. Tout en prenant conscience que les intentions de Dieu sont inconnues, impénétrables. Mais que sous l'ambiguïté apparente, il est le Bien absolu et que tous ces détours ont un sens ! Dieu envoie des épreuves à Job, à Rita. Elles sont différentes de celles qu'ont subies beaucoup d'autres saints et touchent à la vie quotidienne de gens "ordinaires" : une simple mère de famille dans le cas de Rita. Que Dieu "s'acharne" sur elle nous semble parfois injuste ! Cette vision du créateur peut paraître en contradiction avec l'infinie bonté du Créateur ! Oui, le malheur s'abat sur une femme innocente ! Et qui, de plus, à l'instar de Job, est une fidèle ardente et juste !

Mystère de l'intention divine

Certes, dans l'Ancien Testament, on peut lire l'humiliation de Job. Et c'est pareil pour Rita. Mais au bout du compte, cette dernière devient renforcée, réconfortée par ses malheurs : elle y puise une ferveur sublime ! Ce que nous pouvons comprendre avec notre esprit humain, bien qu'il s'agisse d'un paradoxe. Cependant, tout ceci va beaucoup plus loin que ce que nous en pouvons saisir avec nos modestes intelligences ! Le grand Saint Augustin s'y est lui-même cassé les dents. Pour le croyant que ceci trouble, il est bon de lire ou de relire le chapitre XXVIII du livre de Job ; on apprendra qu'il faut rejeter la prétention de comprendre les voies divines. Et que c'est un acte de foi. Aussi faut-il s'y résigner : l'exemple de sainte Rita. Le livre ne répond pas à la question de savoir pourquoi, malgré la bonté ineffable du Seigneur et le sacrifice sublime du Sauveur, chacun connaît la souffrance, la ruine, les épreuves, la perte de sa famille ou de ses biens. Et que ce n'est pas livre nécessairement en punition de nos péchés. Certes, on peut penser que le Seigneur peut utiliser la détresse, la maltraitance, la brutalité, la misère et l'affliction pour offrir une expérience, une discipline et un enseignement aussi bien que pour punir. Mais on ne saura jamais complètement pour quelles raisons : ceci n'appartient qu'à Dieu. Lui seul connaît les causes et les effets.

Retour aux sources : le Symbole de Nicée

C'est, bien évidemment, décevant : la tentation d'en trop savoir est humaine. Comme celle de revêtir son esprit d'un savoir juste et bon. Ce qui permet la liberté. Du moins cette liberté intérieure qui permet, elle, le choix d'être comme on veut être, en harmonie avec un "soi" particulièrement mystérieux, que l'on sent exogène sans trop savoir pourquoi. Que sait-on de soi-même ? Alors que peut-on savoir de Dieu, sinon qu'il est le Créateur, l'Ineffable, l'Unique et qu'il est juste et bon de chanter ses louanges ! C'est ainsi qu'on doit le comprendre dans le mystère même et les résonances que ce mystère éveille en chacun de nous. Ce qui est dit de croire va loin, très loin, plus loin qu'il n'y paraît. Et nous le savons à l'intérieur de nous, là où ce qui est soi devient diffus, voire un peu lointain... Et, quand on ne se comprend pas soi-même, il devient salutaire de repenser sa foi pour la raffermir ! Le symbole de Nicée le permet ! Relisons-le :

Credo ou Symbole de Nicée

Je crois en Dieu, le Père tout puissant, créateur du ciel et de la terre ; et en Jésus-Christ, son fils unique, Notre Seigneur, qui a été conçu du Saint-Esprit, est né de la Vierge Marie, a souffert sous Ponce Pilate, a été crucifié, est mort et a été enseveli ; il est descendu aux enfers, le troisième jour est ressuscité d'entre les morts ; est monté au ciel, est assis à la droite de Dieu le Père tout-puissant ; d'où il viendra juger les vivants et les morts.

Je crois au Saint-Esprit, la sainte Église catholique, la communion des Saints ; La rémission des péchés ; la résurrection de la chair, la vie éternelle.

Ainsi soit-il.

Le Symbole de Nicée, écrit par saint Athanase

Telle est la version commune, si pure, si belle, si tendre. Elle succède en fait à une version à la fois plus "technique", voire militante (il fallait, à l'époque, combattre l'hérésie d'Arius). La première est merveilleuse et convient à la foi naissante de l'enfant comme à celle, aguerrie par les épreuves, d'une vieille personne. Celle, "historique" que nous donnons maintenant précise la première, lui répond en miroir et constitue le credo de l'ensemble des chrétiens. L'un est personnel, l'autre est collectif. Collectif ? Oui, c'est la foi exprimée de l'ensemble des Chrétiens. Mais vraiment de tous, vivants et morts, présents et à venir. Car la mort n'est qu'un moment tandis que l'amour vrai est éternel. Et c'est pourquoi ce credo “collectif” peut aussi se penser, se dire, s’énoncer à l’ombre de Sainte Rita, semper vivens, vivante pour l’éternité, vivant en Dieu, vivant dans la grâce infinie de Dieu, le Père, Créateur du Ciel et de la Terre, de Dieu, le Fils qui a donné sa vie pour nous, de Dieu, le Saint-Esprit qui est le souffle primordial à l’origine de toute chose et être. Car Dieu, l’Unique en trois personnes est le Seigneur du monde : il est juste et bon de lui rendre grâce. Ce qui s’exprime par cette merveilleuse prière de saint Athanase qui écrivit entre autres œuvres sublimes, un traité Sur l'incarnation du Verbe, et qui précisa la foi avec grandeur et simplicité. Lisons-la, prononçons-la ensemble en prenant conscience que nous sommes en relation avec l’ensemble de nos frères chrétiens, qu’ils aient vécu dans le passé, qu’ils vivent maintenant où qu’ils soient à naître pour transmettre, comme nous le faisons, la foi, la foi éternelle en Dieu, l’Unique, qui est le Dieu d’amour :

La foi catholique est que nous vénérons un seul Dieu dans La Trinité et La Trinité dans l’Unité sans confondre les personnes ni séparer la substance. Autre est la personne du Père, autre est la personne du Fils, autre est la personne du Saint-Esprit, mais, du Père, du Fils et du Saint-Esprit, la divinité est une. La gloire égale la majesté éternelle. Le Père est tel, le Fils est tel, le Saint-Esprit est tel. Le Père est incréé, le Fils est incréé, le Saint-Esprit est incréé. Le Père est immense, le Fils est immense, le Saint-Esprit est immense. Le Père est éternel, le Fils est éternel, le Saint-Esprit est éternel.

Il n’y a cependant pas trois éternités mais une, il n’y a pas trois immenses mais un, il n’y a pas trois incréés mais un. Dieu le Père est Dieu le fils, il est le Saint-Esprit. Il n’y a pas trois dieux mais un seul Dieu.

Très sainte et très auguste Trinité, Dieu seul en trois personnes, je crois que vous êtes ici présent. Je vous adore avec les sentiments de l’humilité la plus profonde et je vous rends, de tout mon cœur, les hommages qui sont dus à votre souveraine majesté.

L'Unité

Cette unité divine fonde la nôtre. Elle fait de nous ce que nous sommes et nous permet de recevoir le message chrétien. Ou non : Dieu nous donne le choix. À nos risques et périls. Et la conscience de notre éternité doit nous guider dans ce choix crucial. La foi ne s'impose pas. Il peut arriver qu'on doive la conquérir. En soi. Ou encore qu'il faut qu'elle devienne résistance. Ce qui arrive au cours des épreuves trop lourdes. C'est pourquoi nous devons penser le secours demandé à sainte Rita à partir de notre foi, et de son expression forte et simple, énergique et sacrée : *le Credo*. Car sainte Rita fut d'abord celle qui croit, celle qui a eu confiance. Et c'est pour cela même qu'elle peut nous aider avec son immense bonté, sa sollicitude sans limites et son ineffable charité !

Loué soit le Nom du Seigneur !

Que Dieu donne une récompense ou qu'Il ne donne rien n'abolit aucunement le respect qu'on lui doit. Ni la crainte de sa colère, ni la confiance en son Amour, à lui témoigner est le même.

Le Seigneur a donné, le Seigneur a repris.

Telle est la situation. Et Job répète :

Loué soit le Nom du Seigneur.

C'est l'attitude même de sainte Rita. Dieu est grand, que ce soit au moment où quand les souffrances nous écrasent sans raison. Ou qu'elles touchent le juste, le bon, le fidèle au lieu du méchant, l'impie au lieu du bandit ou du criminel. Nous verrons que la vie de sainte Rita pose, à chaque instant, ce problème. Toutefois, s'il est nécessaire d'en être conscient, il ne faut pas s'imaginer que pour suivre en sa compagnie le chemin d'Abraham, la voie royale, on doive nécessairement devenir docte, érudit et spécialiste de la théologie ! D'autant plus que les docteurs de l'Église ont des points divergents à ce sujet. Et que tous furent pourtant pétris d'une foi sublime autant qu'inébranlable !

La question du mal

Aussi, dans notre vie quotidienne, la question du mal ne peut se résoudre que par la foi, la charité, le Souffle du Saint-Esprit prompt à raviver notre espérance si nous prions avec un cœur pur. Nous ne saurons rien des causes, mais nous ressentirons que, quoi qu'il arrive et quelle que soit l'impénétrable volonté du Seigneur, il n'y a que la foi qui sauve. Cependant, il est juste et bon que ce problème se pose ! En effet, il permet d'affermir la foi par une connaissance de soi plus profonde ce qui nous rendra encore plus apte à offrir notre vie au Seigneur, notre Dieu, unique en trois Personnes !

Prière à sainte Rita pour la paix dans le monde

Ne pas s'isoler

Avant de prier sainte Rita pour soi ou pour nos proches, il est juste et bon de penser au monde. De se relier à l'humanité. De se mettre en esprit dans la conscience intime et profonde de l'engagement chrétien. Il importe de ne pas s'isoler dans sa propre souffrance et de prendre conscience de l'humanité dont nous faisons partie. D'autre part, tout chrétien ne peut que s'attrister du malheur qui sévit sur notre planète.

Bonne volonté

Voici donc une prière qui, tout en nous rassérénant, demande à sainte Rita de s'unir à nous dans le grand espoir de la paix! Goutte d'eau dans la mer? Certes, mais la mer n'est faite que de gouttes d'eau. Et cette prière peut contribuer à instaurer la paix sur la terre en rendant à l'être humain sa bonne volonté: Prions.

Prière pour la paix

Bienheureuse sainte Rita, priez avec votre humble serviteur! Il y a dans le monde trop de violence indigne! tout est bruit et fureur! Et le malheur s'étend!

Avec vous, en mon cœur, je veux prier... Unir ma modeste voix à celle de votre ineffable bonté! C'est grande pitié sur terre! Un conflit chasse l'autre et les malheureux meurent par milliers... La terre est à feu et à sang!

Sainte Rita, il est juste et bon de louer le Seigneur ! Avec votre aide je crois qu'il peut y avoir un peu moins de malheur ! La vie ici-bas doit devenir plus harmonieuse. Or tout est misère et désolation ! Par pitié, aidez-moi à prier pour le monde ! Et que la volonté de Dieu soit faite sur la terre comme au ciel !

Fragile est la paix ! Ô sainte Rita, veillez sur les hommes dans leur souffrance et leur désespoir ! Unique est le Seigneur et nous l'adorons car il est le Créateur ! Tandis que trop de gens s'acharnent à détruire son œuvre ! Respectons la grandeur de la vie ! Et prions le Seigneur de toute notre âme !

Merveilleuse sainte Rita, avant de penser à moi, à mes soucis, à mes malheurs, à ma détresse, je veux prier pour la paix avec votre grandeur ! Or je sais que j'ai péché, que je suis faible devant Dieu ! Resplendissante sainte Rita, je veux mener une vie chrétienne. Un chrétien ne peut pas oublier le malheur qui règne sur le monde ! Et je veux prier avec vous pour la fin des guerres !

Règne de Dieu ! Amour du Christ ! Donnez-nous la paix, que ce soit dans le cœur des hommes comme sur notre terre ! Avec sainte Rita je vous prie de répandre la paix sur la terre blessée ! Sainte est la paix du seigneur ! Sublime est son ineffable grandeur ! En vérité, l'œuvre de Dieu est incommensurable !

Avant de prier pour ma personne et pour les miens, je désire me tourner vers votre sollicitude, ô sainte Rita ! Ne vous détournez pas de ma prière ! Dieu est grand, et je désire votre intercession pour qu'il exauce ma supplique ! Ô sainte Rita, je vous supplie de tout mon cœur !

Unique est le Seigneur qui a donné son fils pour notre salvation ! Il est notre recours ! La prière que je vous adresse est sincère, mon cœur est pur. La paix est mon souci et je la désire de toutes mes forces ! En me tournant vers votre immense compassion !

Ainsi soit-il !

SOS à sainte Rita

Parole et silence

Il nous a semblé bon de commencer par cette prière d'urgence. Celle qu'il est nécessaire de dire dans la détresse. Celle qui apportera le secours. Celle qu'il faut trouver le courage de prononcer avec intensité, voire de redire en soi, dans le silence de l'âme inquiète, brisée, désespérée... Elle peut être dite à haute voix, oui, mais elle a aussi prouvé son efficacité en tant que "cri silencieux", intérieur, venu du fond de soi. Il est donc sage d'alterner la prière silencieuse avec la récitation.

Méditer

Cette efficacité est un témoignage de la grandeur sublime de sainte Rita. On voit combien les mots de cette fort ancienne prière sont simples : pas de fioritures, on va directement au principal : la détresse, l'horrible détresse... Voire le désespoir. Elle peut se compléter d'un De Profundis. C'est une excellente pratique ! Ensuite, on pourra méditer le psaume correspondant.

"On ne croit plus en rien" !

Mais comment retrouver un peu de confiance dans la vie lorsqu'on est dans la tristesse, la pénurie, l'accablement, le deuil ? La tentation est grande de lâcher prise, de " laisser tomber ". On ne croit plus en rien, on vit dans la douleur une existence morne, passant du désabus au désespoir, de l'accablement à la révolte, parfois même au cynisme, au sentiment du dérisoire ? Il faut parfois trouver au fond de soi une énergie qui peut paraître illusoire. Il faut avancer et se dire "quand même", ce qui était la devise de la grande comédienne Sarah Bernhardt. On n'y croit plus ? On pense que c'est inutile de prier, car on touche le fond ? Eh bien on prie "quand même"... Alors qu'on se dit en même temps "à quoi bon" et "c'est inutile". Et même si, hélas, la foi vacille...

Prier !

Grande est notre faiblesse ! Et ceci, même quand "tout va bien" ! Alors comment faire quand, au contraire, la vie nous accable ? Prier ! Même si c'est une "mauvaise prière", dite du bout des lèvres ou machinalement ! Le simple fait de prier renforcera immédiatement ! Et le miracle de la foi surgira certainement. On se sentira un peu mieux et, quelques instants après, on pourra dire une "vraie prière", plus assurée. Plus profonde. Et l'on sentira vite monter en soi la chaleur merveilleuse de la foi salvatrice !

Confiance en sainte Rita

Sainte Rita connaît la détresse ! Elle comprend les affligés. Elle appréciera le moindre effort pour "s'en sortir" et accordera sans attendre sa puissante auxiliation. Il ne faut pas hésiter à se confier à elle ! Il faut tout lui dire avec confiance et sincérité. Petit à petit, par la force de la prière, on se trouvera d'abord en mesure d'affronter ce qui, parfois, semble près de nous terrasser. On trouvera une énergie neuve. On avancera. Et, plus vite qu'on peut l'imaginer, la situation se transformera. Et le malheur disparaîtra : telle est la grande force de la prière, telle est la grandeur auxiliatrice de l'admirable sainte Rita, patronne des "causes désespérées".

S.O.S. à sainte Rita

Sainte Rita, au secours ! ... Je n'en puis plus ! ... Accablé sous le poids de la douleur, j'ai élevé ma voix vers le Ciel, j'en ai implo-

ré le secours, mais en vain; le Ciel n'a pas répondu à mon appel, Il est resté muet et j'ai l'impression d'avoir été abandonné à mon triste sort. C'est peut-être à cause de mes péchés qui me rendent indigne des faveurs divines.

Pourtant j'ai un grand besoin, un besoin absolu de la grâce que je sollicite.

Alors, chère sainte Rita, c'est à Vous que j'ai recours... N'êtes-vous pas "La Sainte des cas impossibles, l'Avocate des causes désespérées, le Refuge de la dernière heure"?

Oh, prenez à cœur ma cause, je Vous en conjure!.... Écartez par votre puissante intervention, les obstacles qui m'empêchent de mériter cette faveur: obtenez-moi de la Divine Miséricorde un sincère repentir et le pardon de mes péchés. Et puis, patronnez ma cause comme Vous savez le faire, en l'appuyant sur vos mérites.

Non, Vous ne permettrez pas que je sois la seule créature malheureuse à ne pas avoir été exaucée par Vous. Je ne veux pas, je ne peux pas le croire. Vous m'obtiendrez cette grâce qui me tient tant à cœur en ce moment et qui m'est si nécessaire. Je le crois, je veux le croire avec toute la force de ma foi, tout en me soumettant, cependant, à la Sainte Volonté Divine.

Et, dès à présent, avec tout l'élan de mon cœur reconnaissant, je Vous promets de vivre désormais une vie de vrai chrétien pour mériter toujours votre efficace protection et de faire connaître à tous que Vous vous montrez et que vous êtes vraiment "La Sainte des cas impossibles, l'Avocate des causes désespérées, le Refuge de la dernière heure"!

Ainsi soit-il!

On a coutume d'associer la prière qui précède avec un De Profundis. Pour mémoire, en voici le texte :

De Profundis

Du fond de l'abîme, j'ai crié vers vous, Seigneur;
Seigneur, écoutez ma voix.
Que vos oreilles soient attentives à ma prière.

Si vous exigez, Seigneur, un compte sévère de nos iniquités,
qui pourra subsister devant vous, ô mon Dieu !
Mais vous aimez à pardonner; aussi, appuyé sur votre Loi,
j'attends, Seigneur, votre secours.
Depuis le matin jusqu'au soir, Israël espère dans le Seigneur.

Car le Seigneur est plein de miséricorde,
et l'on trouve en lui une abondante Rédemption.
C'est lui qui rachètera Israël de toutes ses iniquités.

Donnez-leur, Seigneur, le repos éternel.
Et que la lumière éternelle les éclaire.
Qu'ils reposent en paix, ainsi soit-il.

Seigneur, écoutez mes prières
et que mes cris s'élèvent jusqu'à vous.

Ô Marie, ô Mère ! Attendrissez-vous sur mes maux, abaissez sur moi un regard de miséricorde ; que vos mains rayonnantes de gloire et pleines de grâce s'ouvrent en ma faveur et versent à grands flots dans mon âme les trésors du Ciel. Vous êtes, après Dieu, mon espérance ; venez à mon secours.

Voici, pour nos lecteurs les plus anciens, ce même texte en latin comme on le récitait autrefois, selon la version de la Vulgate, due à Saint Jérôme :

De profundis clamavi ad te, Domine: exaudi vocem meam.
Fiant aures tuoe intendentes, in vocem deprecationis meoe.
Si iniquitates observaveris, Domine: quis sustinébit?
Quia apud te propitiatio est:
et propter legem tuam sustinui te, Domine.
Sustinuit anima mea in verbo eius:
speravit anima mea in Domino.
A custodia matutina usque ad noctem: speret Israël in Domino.
Quia apud Dominum misericordia:
et copiosa apud eum redemptio.
Et ipse rediment Israël, ex omnibus iniquitatibus ejus.

Voici maintenant le Psaume 130 d'où a été tirée la prière De Profundis:

Des profondeurs je crie vers toi, Seigneur: écoute mon appel!
Que ton oreille se fasse attentive au cri de ma prière.
Si tu retiens les fautes, Seigneur, qui donc subsistera?
Mais près de toi se trouve le pardon:
je te crains et j'espère.
Mon âme attend plus sûrement le Seigneur
Qu'un veilleur n'attend l'aurore.
Puisque auprès du Seigneur est la grâce,
l'abondance du rachat,
C'est lui qui rachètera Israël de toute ses fautes.

Car près de Yahvé est la grâce, près de lui, l'abondance du rachat; c'est lui qui rachètera Israël de toutes ses fautes.

Prière à sainte Rita en cas de maladie

Souffrance et détresse

La santé est l'un des biens les plus précieux. La maladie était jadis une calamité. La médecine a beaucoup progressé mais, hélas de nouvelles affections sont apparues. D'autres n'ont pas disparu. La souffrance et la détresse demeurent. C'est la volonté du Seigneur. Mais il convient de se tourner vers lui, inlassablement, car il peut nous guérir quel que soit notre état. Pour cela, il est bon de demander à sainte Rita son aide merveilleuse, bienveillante, efficace.

La loi divine

Oui, nous souffrons parfois. Et souvent trop. Du moins à nos yeux de pécheurs. Et nous ne comprenons pas pourquoi ! La foi seule peut donner un sens à la souffrance, à la douleur, à la maladie. Elle peut faire naître et renforcer la volonté de guérir. Elle permet aussi de nous en remettre à Dieu et à sa bienveillance infinie. Elle se nourrit des épreuves que le Seigneur nous envoie. Elle évolue durant la vie et permet de lui donner un sens. Elle accompagne le chrétien sur le chemin d'Abraham, en route vers le Salut par l'observance de la loi divine. Il n'est pas de plus haute vertu ni de chemin plus sûr !

Corps et âme

La maladie n'engage pas seulement le corps ! Elle concerne aussi l'âme. La maladie, que ce soit la sienne propre ou celle d'un être cher, peut mettre la foi à rude épreuve. La prière permet de renforcer la foi, de la rendre inexorable. Même si, parfois, le doute assaille le malheureux qui souffre. Car la foi combat le doute avec ténacité. Mais l'être humain est faible... À la lutte du corps malade celle de l'esprit en doute répond.

Prier avec régularité

Tournons-nous vers la douce Rita ! En effet, la grande sainte Rita, qui a connu tant d'épreuves, comprend la souffrance comme l'hésitation. Sa grande rigueur morale, la force qu'elle a montrée durant sa sainte vie peuvent rejaillir sur celui qui l'aime et la prie sincèrement. Et même si l'on se sent “au bout du rouleau”, comme on dit familièrement, la douce Rita sera pleine de sollicitude et de compassion. C'est pourquoi il est juste et bon, tout autant que nécessaire de la prier avec régularité.

Une prière traditionnelle

Cette prière traditionnelle est fort connue. Traduite en de multiples langues, elle est dite partout dans le monde. Ce n'est pas sans émotion qu'on pense à tous ces gens, à tous ces chrétiens, à tous ces fidèles qui souffrent et souffrirent en la disant pour la guérison de leurs corps et le salut de leurs âmes. Ainsi, en la disant, sommes-nous reliés à nos frères en souffrance passés et présents. Ainsi pouvons-nous comprendre la douleur et l'unité de la chrétienté. Ainsi pouvons-nous, tout en priant pour soi, prier aussi pour les autres.

Élan de foi

Ce gigantesque élan de foi doit nous accompagner mentalement dans notre prière. C'est un partage. Et c'est nulle façon de se renforcer, de raffermir sa foi. Et, de ce fait, de plaire à sainte Rita qui saura intercéder pour nous auprès de Dieu, le Père, Créateur du Ciel et de la Terre, de Dieu, le Fils qui a donné sa vie pour nous, de Dieu, le Saint-Esprit qui est le souffle primordial à l'origine de toute chose et être. Car Dieu, l'Unique en trois personnes est le Seigneur du monde : il est juste et bon de lui rendre grâce.

Prière d'un malade pour obtenir la guérison

De mon lit de souffrance, je me tourne vers vous, ô glorieuse sainte Rita, afin d'obtenir votre secours.

Durant votre vie sur terre, vous avez toujours témoigné une grande charité envers les malades. Vous les visitiez, les consoliez et les aidiez de votre mieux.

Du Ciel, où vous êtes aujourd'hui, montrez-moi l'efficacité de votre charité, ô mon humble protectrice.

Assistez-moi dans mes peines, obtenez-moi la patience et le courage dans mes douleurs, et, si Dieu le juge bon, obtenez-moi une complète guérison, afin que cette maladie me soit une occasion de glorifier la bonté du Seigneur, d'exalter la puissance de votre intercession, mais surtout de me rendre digne, par une vie désormais plus vertueuse, de la gloire dont vous jouissez dans le Ciel.

Ainsi soit-il.

Autre prière d'un malade pour obtenir la guérison

Les épreuves de sainte Rita

Nous le savons : Dès l'âge de douze ans, Rita ne pense qu'à consacrer sa vie au Seigneur. Mais elle sera mariée contre son gré à un homme violent et vindicatif. Il la battra sans cesse. Cette solide Ombrienne supportera les coups et les humiliations durant vingt ans se plaindre et aimant son bourreau au point de prier pour lui, d'invoquer Dieu pour le salut de son âme. C'est “la sainte des causes désespérées". Nul ne s'adresse en vain à sa grande bonté.

La lumière de sainte Rita

De même que Rita a pu supporter les coups, les mauvais traitements, les injures constantes, le dénigrement et l'horreur du mépris que l'on subit atrocement dans sa grande injustice, de même qu'elle a résisté sans que sa foi ne vacille, soyons à son exemple en subissant l'épreuve de la maladie. Sachons ne pas céder à la tentation terrible du désespoir ! Et sachons aussi que la prière est le rempart contre l'acédie, la dépression... Comprenons notre lutte dans la lumière de celle de sainte Rita ! Laissons-la nous encourager par son formidable exemple !

L'amour de Dieu !

Ne nous désespérons pas ! L'amour de sainte Rita nous réconfortera certainement ! Mais sommes-nous assez purs dans nos intentions ? Nos péchés sont-ils vraiment notre honte, notre honte humble et profonde qui nous fait craindre le Seigneur ? Avons-nous vraiment peur de son très saint courroux ? Eh oui ! La sincérité est seule garante de notre réussite ! Sainte Rita ne manque jamais d'aider ceux qui s'adressent à elle avec un cœur pur ! Alors, faisons avec soin notre examen de conscience avant de prier ! Purifions-nous par la prière, dans la prière ! Et pour l'amour de Dieu ! Car...

L'amour de Dieu n'a pas de limites !

Oui ! Reprenons confiance ! Et nous sortirons de nos épreuves en vainqueurs ! C'est en se tournant avec le cœur sincère vers Rita de Cascia que l'on triomphera de toute détresse. Elle saura faire rayonner sur nous sa tendresse de mère, comme son amour de Dieu. Elle saura nous protéger, veiller sur nous. Elle saura nous donner l'énergie nécessaire pour avancer vers la guérison. Et ceci, quelles que soient nos douleurs, quelles que soient nos détresses ! Prions sainte Rita dans la paix du Christ ! Soyons fermes dans notre foi ! L'amour de Dieu n'a pas de limites !

Prière à sainte Rita en cas de maladie

Accablé par la douleur, j'ai recours à vous, vénérable Rita, car vous avez connu de dures épreuves sur la terre. Vous qui êtes la "sainte de l'impossible", serez certainement sensible à ma douleur !

Je mets en vous toute ma confiance, tout mon espoir !

Je vous demande d'intercéder auprès du Seigneur pour que vous me déliviez de la peine qui m'oppresse...

Je vous demande de rendre le calme à mon esprit.

Tout appui humain me fait défaut, mais je sais que ma confiance en vous sera justifiée par l'une de vos sublimes intercessions, grâce à votre bonté, votre grandeur, votre pitié et votre charité !

Si mes péchés sont la cause de ma situation, obtenez-moi la miséricorde divine; ainsi serai-je rasséréné et pourrai-je me consacrer plus ardemment à la louange de Dieu, au service divin, à l'exercice de la prière et à la charité.

Ne permettez pas que je demeure plus longtemps dans les larmes, dans les angoisses: daignez répondre à la confiance que j'ai en votre pouvoir et je ferai connaître votre bonté à l'égard des affligés.

Ô glorieuse Rita, admirable épouse de Jésus crucifié, priez pour moi et venez à mon secours !

Légitimité de la prière de guérison

Certains fidèles, et ce scrupule les honorent, s'inquiètent de savoir s'il est légitime de prier pour une guérison. Ils se demandent s'il n'y a pas là une pratique superstitieuse en opposition avec la Loi divine. Aussi donnons-nous ici quelques extraits d'un texte fondamental fixant la règle à ce propos et dû à la plume de Mgr Ratzinger qui, à l'époque de cette rédaction, n'était pas encore notre Très Saint Père, le Pape Benoît XVI. Voici un premier extrait :

CONGRÉGATION POUR LA DOCTRINE DE LA FOI

INSTRUCTION SUR LES PRIÈRES
POUR OBTENIR DE DIEU LA GUÉRISON

La soif du bonheur profondément enracinée au cœur de l'homme, a toujours été accompagnée du désir d'obtenir la libération de la maladie et d'en saisir le sens quand on en fait l'expérience. Il s'agit là d'un phénomène humain qui, d'une façon ou d'une autre, concerne chacun et trouve une résonance particulière dans l'Église. Celle-ci, en effet, comprend que la maladie fournit un moyen de s'unir au Christ et de se purifier spirituellement, et donne à ceux qui se trouvent devant une personne malade, l'occasion d'exercer la charité. Mais ce n'est pas tout, car la maladie, comme les autres souffrances humaines, constitue un moment privilégié de prière : prière pour demander la grâce de l'accueillir avec le sens de la foi et de l'acceptation de la volonté divine, prière de supplication pour obtenir la guérison.

La prière qui implore le rétablissement de la santé est donc une expérience présente à chaque époque de l'Église, et naturellement à notre époque actuelle.

On voit, par ce qui précède, que l'Église comprend le fidèle, dans son inquiétude, dans sa faiblesse et dans son humanité ! Car c'est à cette humanité que le Seigneur a offert son sublime sacrifice ! Voici un autre extrait du même texte :

Le désir de guérison et la prière pour l'obtenir

L'acceptation de la volonté de Dieu étant acquise, le désir du malade d'obtenir la guérison est une chose bonne et profondément humaine, surtout quand elle se traduit par la prière confiante adressée à Dieu. Le Siracide exhorte à la prière en ces termes : "Mon fils, quand tu es malade ne te révolte pas, mais prie le Seigneur et il te guérira" (Si 38,9). Plusieurs psaumes reviennent à une supplication pour la guérison (cf. Ps 6 ; 37 ; 40 ; 87).

Pendant la vie publique de Jésus, plusieurs malades se tournent vers lui, directement ou par l'intermédiaire de leurs amis ou conjoints, pour solliciter le rétablissement de la santé. Le Seigneur accueille ces demandes et les évangiles ne contiennent aucun exemple où ces prières soient blâmées. La seule fois où le Seigneur se plaint, c'est à propos d'un manque de foi éventuel : "Si tu peux ! Tout est possible à celui qui croit" (Mc 9,23 ; cf. Mc 6,5-6 ; Jn 4,48).

Non seulement la prière des fidèles qui demandent leur guérison ou celle d'un autre est louable, mais l'Église, dans sa liturgie, demande au Seigneur la santé des malades. D'abord, elle a un sacrement "spécialement destiné à réconforter ceux qui sont éprouvés par la maladie : l'onction des malades". Par cette onction sacrée et la prière des prêtres, "c'est l'Église tout entière qui recommande les malades au Seigneur souffrant et glorifié, pour qu'il les soulage et les sauve". Peu avant, pendant la bénédiction de l'huile, l'Église prie : "*Envoie sur elle ton Esprit qui sanctifie. Qu'elle devienne par ta bénédiction l'huile sainte que nous recevons de toi. Qu'elle serve ainsi à l'onction des malades qui va être donnée à N., notre frère, pour soulager son corps, son âme et son esprit, de toute souffrance et maladie; puis, dans les deux premiers formulaires de prière après l'onction, on demande aussi la guérison du malade. Ceci, parce que le sacrement est signe et promesse du règne futur, annonce aussi de la résurrection, quand "de mort, il n'y aura plus; de pleurs, de cri et de peine, il n'y aura plus, car l'ancien monde s'en est allé*" (Ap 21,4). En outre, le Missale romanum contient une messe pro infirmis et on y demande, à part la grâce spirituelle, la santé des malades.

Ainsi, la tradition elle-même justifie la prière de guérison! Continuons notre lecture :

Le De benedictionibus du Rituale Romanum comporte un Ordo benedictionis infirmorum, dans lequel se trouvent divers textes de prières qui implorent la guérison : dans le second formulaire des Preces, dans les quatre Orationes benedictionis pro adultis, dans les deux Orationes benedictionis pro pueris, dans la prière du Ritus brevior.

Ainsi, les textes religieux autorisent et encouragent les prières de guérison ! On voit que le scrupule légitime des chrétiens s'inquiétant de leur catholicité trouve ici une réponse encourageante et positive ! Mais il faut, et cette indication le dit fermement, ne pas se reposer sur la seule prière.

Évidemment, le recours à la prière n'exclut pas, mais encourage à faire usage des moyens naturels utiles pour conserver et recouvrer la santé. Il incite les fils de l'Église à prendre soin des malades et à leur apporter soulagement dans le corps et dans l'esprit, en cherchant à vaincre la maladie. En effet, "*il est dans le plan de Dieu que l'homme lutte de toutes ses forces contre la maladie, qu'il poursuive ce bien qu'est la santé afin de pouvoir remplir intégralement sa tâche dans la société et dans l'Église*".

Voici maintenant l'exposé de la doctrine sur les prières pour obtenir de Dieu la guérison dans la Tradition comme dans les rituels :

Les Pères de l'Église considéraient comme normal que le croyant demande à Dieu non seulement la santé de l'âme, mais aussi celle du corps. À propos des biens de la vie, de la santé et de l'intégrité physique, saint Augustin écrivait : "Il faut prier pour qu'ils soient conservés quand on les a, et qu'ils soient accordés quand on ne les a pas". (19) Ce Père de l'Église nous a laissé le témoignage de la guérison chez lui d'un ami, obtenu par la prière d'un évêque, d'un prêtre et de quelques diacres.

Il ne faut pourtant pas négliger l'importance des rites !

Les rites liturgiques tant occidentaux qu'orientaux fournissent la même orientation. Dans une prière après la communion, on demande que "la grâce de cette communion, Seigneur, saisisse nos esprits et nos corps". Dans la liturgie solennelle du Vendredi Saint, on invite à prier le Dieu Tout-Puissant pour qu'il "éloigne les maladies... et accorde le salut aux malades". Parmi les textes les plus significatifs, on signale celui de la bénédiction de l'huile des malades. On y demande à Dieu de répandre sa bénédiction pour qu'elle soulage le corps, l'âme et l'esprit de ceux qui la recevront "de toute souffrance et maladie, de tout mal physique moral et spirituel".

Les expressions qu'on rencontre dans les rites orientaux de l'onction des malades ne diffèrent pas. Nous retenons seulement quelques-unes parmi les plus significatives. Pendant l'onction du malade, le rite byzantin comporte cette prière : "Père saint, médecin des âmes et des corps, toi qui as envoyé ton Fils unique Jésus-Christ pour guérir toute maladie et nous libérer de la mort, guéris aussi ton serviteur que voici de la maladie du corps et de l'esprit qui l'afflige, par la grâce de ton Christ". Dans le rite copte, on prie le Seigneur de bénir l'huile afin que tous ceux qui en seront oints puissent obtenir la santé de l'esprit et du corps. Puis, pendant l'onction du malade, les prêtres, après avoir fait mention de Jésus-Christ envoyé dans le monde "pour guérir toutes maladies et libérer de la mort", demandent à Dieu "de guérir le malade de la maladie du corps et de lui accorder le droit chemin".

Voici maintenant ce qu'il en est des prières de guérison à notre époque :

L'histoire de l'Église n'a pas manqué de saints thaumaturges qui ont opéré des guérisons miraculeuses. Le phénomène n'était donc pas limité aux temps apostoliques ; cependant, le "charisme de guérison", sur lequel il est maintenant opportun de fournir quelques éclaircissements doctrinaux, ne fait pas partie de ces phénomènes thaumaturgiques. La question qui se pose est plutôt celle des assemblées de prière organisées exprès pour obtenir des guérisons miraculeuses parmi les membres malades, ou bien des prières de guérison à la fin de la communion eucharistique avec le même but.

Les guérisons liées aux lieux de prière (sanctuaires, près des reliques de martyrs ou des autres saints, etc.) sont abondamment rapportées tout au long de l'histoire de l'Église. Elles ont contribué à populariser, dans l'antiquité et dans le Moyen-âge, les pèlerinages dans certains sanctuaires qui sont devenus fameux pour cette raison, comme ceux de Saint-Martin de Tours, ou la cathédrale de Saint-Jacques de Compostelle, et tant d'autres. Le même phénomène se produit aujourd'hui aussi, par exemple à Lourdes, depuis plus d'un siècle. Ces guérisons n'impliquent pas un "charisme de guérison", parce qu'il n'y a pas de sujet porteur de ce charisme, mais il faut en tenir compte quand on entreprend d'évaluer doctrinalement les assemblées de prière en question.

La prière de guérison peut se faire seul ou à plusieurs! Le futur Pape, dans la rédaction de ce beau texte avait évidemment prévu ce dernier cas et le légitime tout naturellement:

En ce qui concerne les assemblées de prière qui se fixent comme objectif précis d'obtenir des guérisons - objectif, sinon dominant, du moins déterminant dans leur programmation - il est opportun de distinguer celles qui peuvent faire penser à un "charisme de guérison" vrai ou apparent, des autres qui n'entretiennent aucun lien avec un tel charisme. Pour qu'on puisse parler d'un éventuel charisme, il faut que s'impose comme déterminante pour l'efficacité de la prière, l'intervention d'une ou de plusieurs personnes ou d'une catégorie précise de personnes, par exemple les dirigeants du groupe qui animent la réunion. S'il n'y a pas de lien avec "le charisme de guérison", évidemment, les célébrations prévues dans les livres liturgiques, accomplies dans le respect des normes liturgiques, sont licites et souvent opportunes, comme c'est le cas de la messe pro infirmis. Si elles ne respectent pas la norme liturgique, la légitimité fait défaut.

Bien entendu, on doit aussi penser aux célébrations liturgiques en vue d'obtenir la guérison:

Dans les sanctuaires se déroulent aussi d'autres célébrations qui, en elles-mêmes, ne visent pas spécifiquement à demander à Dieu des grâces de guérisons, mais qui, dans l'intention des organisateurs et des participants, comportent l'obtention de guérisons comme part importante de leur finalité; pour cela, on organise des célébrations liturgiques, comme par exemple l'exposition du Très Saint Sacrement avec bénédiction, ou des célébrations non liturgiques, mais qui appartiennent à la piété populaire encouragée par l'Église, comme la récitation solennelle du chapelet. Ces célébrations aussi sont légitimes, pourvu qu'on n'en travestisse pas le sens authentique. Par exemple, on ne saurait mettre au premier plan le désir d'obtenir la guérison des malades en faisant perdre à l'exposition du Très Saint Sacrement sa propre finalité; de fait, cette exposition conduit les fidèles à reconnaître l'admirable présence du Christ et les invite à s'unir en esprit avec lui, par ce lien qui culmine dans la communion sacramentelle.

Pour conclure, sachons que tout un chacun peut prier en vue d'une guérison!

On ne peut attribuer le "charisme de guérison" à une classe déterminée de fidèles. En effet, il est clair que saint Paul, en parlant des divers charismes en 1 Co 12, n'attribue pas le don des "charismes de guérison" à un groupe particulier (apôtres, prophètes, enseignants, dirigeants ou autres); c'est même une autre logique qui guide la distribution: "Mais tout cela, c'est l'unique et même Esprit qui l'opère, distribuant ses dons à chacun en particulier comme il l'entend" (1 Co 12,11). Par conséquent, dans les assemblées de prière organisées pour demander à Dieu des guérisons, il serait arbitraire d'attribuer un "charisme de guérison" à une quelconque catégorie de participants, par exemple aux dirigeants du groupe; il ne reste plus qu'à se fier à la volonté souveraine de l'Esprit Saint qui donne à certains un charisme spécial de guérison pour manifester la force de la grâce du Ressuscité. Cependant, même les prières les plus intenses n'obtiennent pas la guérison de toutes les maladies. Ainsi saint Paul doit-il apprendre du Seigneur que "Ma grâce te suffit; car ma puissance se déploie dans la faiblesse" (2 Co 12,9), et que les souffrances à endurer peuvent avoir le sens que "je complète en ma chair ce qui manque aux épreuves du Christ pour son corps qui est l'Église" (Col 1,24).

À Rome, au siège de la Congrégation pour la Doctrine de la Foi, le 14 septembre 2000, Fête de l'Exaltation de la Croix.

+ Joseph Card. RATZINGER, Préfet

+ Tarcisio BERTONE, S.D.B., Archevêque émérite de Vercelli, Secrétaire.

Nous avons cru bon de citer longuement ce texte plutôt ardu. Car, en effet, il est légitime de s'inquiéter de savoir ce qui est dans le droit fil de la Loi Divine ! Le fidèle, maintenant, saura que sa prière de guérison est pure et sainte, qu'il est juste et bon qu'elle monte vers le Seigneur par l'auxiliation merveilleuse de la grande sainte Rita de Cascia, patronne des causes désespérées !

Prière pour trouver ou retrouver du travail

Un drame économique…

Le chômage est un drame. Un drame économique, certes. Mais surtout un drame humain. Il atteint profondément la personne. Au point qu'on dit parfois qu'il "dépersonnalise". En effet, tout l'être est mis en jeu dans le chômage. On se définit socialement par son métier : menuisier, employé, cadre, paysan, manœuvre, médecin, etc. Et l'occupation exercée nous définit socialement. Elle fait partie de notre identité. Elle détermine notre vie, nos habitudes, le bien-être ou la précarité de notre vieillesse comme la possibilité d'éducation de nos enfants. Le chômage vient tout briser… Pire encore : aujourd'hui, l'emploi est devenu rare et des gens, nombreux, vivent sans avoir jamais travaillé. En perpétuelle recherche d'emploi. Vivant de maigres allocations… Et pourtant, il est écrit par les hommes que :

Toute personne a droit au travail, au libre choix de son travail, à des conditions équitables et satisfaisantes de travail et à la protection contre le chômage.

Déclaration universelle des Droits de l'Homme art. 23, 1948

Hélas, ce souhait généreux est devenu lettre morte ! Le chômage sévit. Et, en plus du manque financier, la souffrance sociale s'installe chez les sans-emploi. La précarité relationnelle devient un état d'instabilité des relations. Les amis et connaissances s'éloignent du chômeur, sas forcément savoir pourquoi !

Ignorance

Car, si la plupart des gens sont conscients du problème du chômage, c'est plutôt d'un point de vue général. Ils en savent ce que disent les journaux. Pour le reste, sauf quand ils sont concernés directement, ils ne connaissent pas la question. Ce qui est renforcé par le fait que le chômeur a souvent honte ! Certains s'efforcent de cacher leur situation le plus longtemps possible...

Et, dans un quartier, une ville, un village, une communauté même, beaucoup seraient sans doute incapables de dire qui est touché par le chômage parmi leurs relations. Le chômage est un sujet qu'on ne rattache pas à des individus, à des personnes précises.

Les chrétiens et le chômage

Attitude peu chrétienne ? Certes : il y a une ignorance peu sympathique ! Mais les chrétiens ne sont pas en reste, hélas ! Il est arrivé, à certains prêtres, de demander aux paroissiens réunis pour la messe, qui parmi eux est au chômage. Et l'on a appris ce jour-là que tel ou tel fidèle n'a plus d'emploi depuis un an.

Il faut absolument changer cette situation ! On voit combien, entre individus, au sein de la société, au sein d'une communauté, que le chômage se traduit par un appauvrissement des interactions sociales. Pire : il peut mener à l'isolement social. À la terrible solitude !

Un drame individuel et familial

Le chômage est aussi destructeur de la famille ! Un de ses effets les plus graves est la nette augmentation des divorces ou des séparations ! Ce qui se traduit par une augmentation du nombre de familles monoparentales. Mais l'enfer peut devenir quotidien tout aussi bien sans la séparation : la famille, déstabilisée par la précarité économique, devient le lieu d'affrontements, de scènes, de violences. Ces nouvelles données entraînent une certaine précarité des relations humaines. À ceci s'ajoute souvent la dégradation de la santé physique ou mentale.

La foi en question

L'individu au chômage perd trop souvent l'estime de soi. Il éprouve intensément le sentiment de ne pas recevoir l'estime qu'il mérite. Il est socialement dégradé, ce qui peut apporter une rancœur déplorable, qui peut mener à l'approbation de doctrines fallacieuses et dangereuses ! Les malheureux qui se trouvent en situation précaire votent plus facilement pour des partis extrémistes prônant la haine et la violence. Ils perdent aussi trop souvent l'espoir et s'éloignent de la foi ! Ce terrible danger doit être combattu par la sollicitude, la compassion, la charité comme par la prière.

Une prière efficace

Voici une prière fort efficace qu'il faut dire avec une ferveur particulière en pensant aux malheureux inemployés ! Il faut penser à leur détresse, mais aussi à ce gâchis social qui abandonne en pure perte des personnes qui pourraient se rendre utiles à tous ! En invoquant sainte Rita, on doit penser à cette tristesse infinie. En sachant qu'elle sera bienveillante et que, si l'on est sincère, elle intercédera efficacement pour faire cesser la grande douleur qui nous préoccupe. Car il est véritable et vérifié que nul ne s'adresse en vain à sainte Rita s'il va vers elle avec un cœur pur, en toute confiance. Souvenons-nous des très saintes paroles du prophète Jérémie :

Vous m'invoquerez et vous viendrez,
vous me prierez et je vous écouterai.

Jérémie, 29, 12.

Prière du chômeur

Je vous adresse, sainte Rita de Cascia, cette prière en l'honneur de l'Agonie du Christ, notre sauveur, et de la prière de sainte Marie prière dans le jardin des oliviers. Et je vous demande par le mystère de votre intercession de me donner l'esprit de componction et celui d'oraison. Car en ma situation, on se trouve au bord du découragement. Et j'ai peur que mon espoir faiblisse !

Sainte Rita, sublime rose de Cascia,
Par la lumière sublime de votre sollicitude,
Écoutez ma requête !
Sainte Rita, sublime rose de Cascia,
Par la lumière sublime de votre sollicitude
Soyez assez patiente pour veiller sur moi !
Sainte Rita, sublime rose de Cascia,
Par la lumière sublime de votre sollicitude,
Protégez-moi !
Sainte Rita, sublime rose de Cascia,
Par la lumière splendide de votre sollicitude,
Priez pour moi, malgré mes fautes !
Et que Dieu soit loué par les siècles des siècles !

Espoir de tous les hommes, ô Rita, recevez mes paroles ! Ne laissez pas le désabus m'assaillir ni la désespérance venir à bout de moi. Toute ma foi, Rita, se tourne vers vous. Je veux ardemment retrouver ma place au monde en exerçant un emploi dignement. Je veux devenir un travailleur discipliné, utile et dont l'activité quotidienne sera aussi un hommage à Dieu. Je veux, à l'image de saint Joseph, le nourricier, qui était charpentier, qui est le Patron des travailleurs donner, dans mon travail, le meilleur de moi-même !

Sainte Rita, sublime rose de Cascia,
Par la lumière sublime de votre sollicitude,
Écoutez ma requête !

Sainte Rita, sublime rose de Cascia,
Par la lumière sublime de votre sollicitude
Soyez assez patiente pour veiller sur moi !
Sainte Rita, sublime rose de Cascia,
Par la lumière sublime de votre sollicitude,
Protégez-moi !
Sainte Rita, sublime rose de Cascia,
Par la lumière splendide de votre sollicitude,
Priez pour moi, malgré mes fautes !
Et que Dieu soit loué par les siècles des siècles !

Ne me laissez pas, sainte Rita de Cascia, Rita, inutilement et passer mes journées dans l'inaction ! Délivrez-moi, en plaidant ma cause auprès de Dieu, le Père, Créateur du Ciel et de la Terre, de Dieu, le fils qui mourut sur la croix pour le salut des hommes, de Dieu, le Saint-Esprit, qui est le Souffle de la Vie. Soyez mon avocate auprès de Sa grandeur ineffable. Qu'Il éloigne de moi l'horrible désœuvrement.

Sainte Rita, sublime rose de Cascia,
Par la lumière sublime de votre sollicitude,
Écoutez ma requête !
Sainte Rita, sublime rose de Cascia,
Par la lumière sublime de votre sollicitude
Soyez assez patiente pour veiller sur moi !
Sainte Rita, sublime rose de Cascia,
Par la lumière sublime de votre sollicitude,
Protégez-moi !
Sainte Rita, sublime rose de Cascia,
Par la lumière splendide de votre sollicitude,
Priez pour moi, malgré mes fautes !
Et que Dieu soit loué par les siècles des siècles !

Faites, ô Sainte Rita, que Dieu chasse en moi l'angoisse et l'inquiétude. Il me faut espérer, et je tourne mon âme vers vous, sainte Rita de Cascia, exemple de mansuétude, de compassion, de sollicitude, de charité et d'amour, dont la douceur est toujours à l'écoute du pécheur. Comprenez qu'il n'est pas bon pour l'homme de vivre en inactivité ! Que cette situation le détruit, l'affaiblit et peut même le rendre plus réceptif aux manigances odieuses du Malin !

Sainte Rita, sublime rose de Cascia,
Par la lumière sublime de votre sollicitude,
Écoutez ma requête !
Sainte Rita, sublime rose de Cascia,
Par la lumière sublime de votre sollicitude
Soyez assez patiente pour veiller sur moi !
Sainte Rita, sublime rose de Cascia,
Par la lumière sublime de votre sollicitude,
Protégez-moi !
Sainte Rita, sublime rose de Cascia,
Par la lumière splendide de votre sollicitude,
Priez pour moi, malgré mes fautes !
Et que Dieu soit loué par les siècles des siècles !

Demandez pour moi que ma foi s'affermisse. Je veux dépasser ma tristesse pour croire encore plus intensément et de ne pas céder à la tiédeur aveugle. Rita, sublime sainte, je vous offre maintenant la fragilité de mon cœur, je vous offre mes faiblesses et mes doutes en mémoire du Christ que les impies flagellèrent et qui supporta le supplice pour notre Salut. Mes tourments sont bien minimes auprès de cette grandeur ! Et pourtant, j'ose vous demander votre aide, car je vous sais pleine de compassion pour ceux qui souffrent !

L'Amour est saint, Vénérable Rita, vous en êtes l'image ! Ne détournez pas vos regards de ma détresse ! Plaidez ma cause, soyez mon avocate auprès de Dieu, l'Unique en trois personnes. Qu'Il répande sur moi la douce propagation de sa forte lumière en mon cœur obscurci. Et que cette énergie me dirige vers une disponibilité d'esprit qui me manque : je me ronge les sangs au sein de la nuit de ma détresse ! Il faut que cela cesse ! Il faut que je restaure mes forces afin de retrouver un emploi !

Sainte Rita, sublime rose de Cascia,
Par la lumière sublime de votre sollicitude,
Écoutez ma requête !
Sainte Rita, sublime rose de Cascia,
Par la lumière sublime de votre sollicitude
Soyez assez patiente pour veiller sur moi !
Sainte Rita, sublime rose de Cascia,
Par la lumière sublime de votre sollicitude,
Protégez-moi !
Sainte Rita, sublime rose de Cascia,
Par la lumière splendide de votre sollicitude,
Priez pour moi, malgré mes fautes !
Et que Dieu soit loué par les siècles des siècles !

Une lueur d'espoir suffirait à mon âme obscurcie par l'inutilité d'une vie sans travail. Notre Seigneur, m'écoutera si vous tournez vers moi votre Charité sublime, ô sainte Rita de Cascia. Il verra mon tourment, il saura l'apaiser. Et je sais que vous serez mon avocate. Car jamais on ne s'est adressé à vous en vain ! Je veux absolument cesser d'être chômeur ! Je veux vivre dans la joie du labeur et ne plus connaître les jours interminables dans un désœuvrement sinistre !

Sainte Rita, sublime rose de Cascia,
Par la lumière sublime de votre sollicitude,
Ecoutez ma requête !
Sainte Rita, sublime rose de Cascia,
Par la lumière sublime de votre sollicitude
Soyez assez patiente pour veiller sur moi !
Sainte Rita, sublime rose de Cascia,

Par la lumière sublime de votre sollicitude,
Protégez-moi !
Sainte Rita, sublime rose de Cascia,
Par la lumière splendide de votre sollicitude,
Priez pour moi, malgré mes fautes !
Et que Dieu soit loué par les siècles des siècles !

Rita, ô Rita, rose de Cascia, sainte d'espoir, sainte de miséricorde, sainte de compassion, sainte de pitié, protectrice des malheureux, des désespérés, ô rose pure, je sais que vous viendrez à mon secours. Avec toute la force qui réside en mon âme, je vous prie, ô sainte Rita, source pure. Il n'est pas de bonté que vous ne fassiez vôtre. Alors allez vers Dieu, soyez mon avocate ! Intercédez pour moi afin que je sois restauré dans ma dignité de travailleur, pour la plus grande gloire du Seigneur !

Sainte Rita, sublime rose de Cascia,
Par la lumière sublime de votre sollicitude,
Écoutez ma requête !
Sainte Rita, sublime rose de Cascia,
Par la lumière sublime de votre sollicitude
Soyez assez patiente pour veiller sur moi !
Sainte Rita, sublime rose de Cascia,
Par la lumière sublime de votre sollicitude,
Protégez-moi !
Sainte Rita, sublime rose de Cascia,
Par la lumière splendide de votre sollicitude,
Priez pour moi, malgré mes fautes !
Et que Dieu soit loué par les siècles des siècles !

Ô, trois fois sainte, écoutez ma prière : Ma peine est dure, mais elle reconnaît l'espoir, c'est une lueur encore faible mais que le Souffle attisera. Par la souffrance atroce du Seigneur, je me tourne vers vous, Vénérable sainte Rita ! Oui ! Je vous adresse ma prière éperdue, en l'honneur de Jésus qui, couronné d'épines, sup-

porta la douleur en pure volonté puisque Dieu le voulait. Mon mal n'est pas si grave en comparaison. Cependant j'ose vous en parler, car vous êtes juste et bonne. Et parce que vous écoutez la détresse des hommes avec une bienveillance à nulle autre pareille !

Sainte Rita, sublime rose de Cascia,
Par la lumière sublime de votre sollicitude,
Écoutez ma requête !
Sainte Rita, sublime rose de Cascia,
Par la lumière sublime de votre sollicitude
Soyez assez patiente pour veiller sur moi !
Sainte Rita, sublime rose de Cascia,
Par la lumière sublime de votre sollicitude,
Protégez-moi !
Sainte Rita, sublime rose de Cascia,
Par la lumière splendide de votre sollicitude,
Priez pour moi, malgré mes fautes !
Et que Dieu soit loué par les siècles des siècles !

Votre grâce harmonieuse me redonnera la paix et l'énergie nécessaire pour trouver une place. Rasséréné par votre protection, j'irai sans hésiter frapper aux bonnes portes que je découvrirai grâce aux forces nouvelles que la foi m'octroiera sous votre égide. Je veux mener une vie simple et laborieuse en louant Dieu pour la grâce. Car le Seigneur est notre Dieu, Unique en trois personnes. Gloire à Lui par les siècles des siècles !

Sainte Rita, sublime rose de Cascia,
Par la lumière sublime de votre sollicitude,
Écoutez ma requête !
Sainte Rita, sublime rose de Cascia,
Par la lumière sublime de votre sollicitude
Soyez assez patiente pour veiller sur moi !
Sainte Rita, sublime rose de Cascia,

Par la lumière sublime de votre sollicitude,
Protégez-moi !
Sainte Rita, sublime rose de Cascia,
Par la lumière splendide de votre sollicitude,
Priez pour moi, malgré mes fautes !
Et que Dieu soit loué par les siècles des siècles !

En vérité, Rita, il est juste, il est bon de louer votre grâce et de vous révérer. Rita, opportune et bienveillante, que toutes grâces vous soient rendues dans les siècles des siècles ! Notre Seigneur, ô sainte Rita, mourut devant vos yeux pour sauver notre monde. Faites de moi celui qui s'inspire de ce message et respecte la Parole en tous lieux et temps. Je sais qu'avec votre aide, je retrouverai un emploi si je résiste à la tentation maligne du découragement.

Sainte Rita, sublime rose de Cascia,
Par la lumière sublime de votre sollicitude,
Écoutez ma requête !
Sainte Rita, sublime rose de Cascia,
Par la lumière sublime de votre sollicitude
Soyez assez patiente pour veiller sur moi !
Sainte Rita, sublime rose de Cascia,
Par la lumière sublime de votre sollicitude,
Protégez-moi !
Sainte Rita, sublime rose de Cascia,
Par la lumière splendide de votre sollicitude,
Priez pour moi, malgré mes fautes !
Et que Dieu soit loué par les siècles des siècles !

Ô Rita, aidez-moi, pour qu'au fond de moi, je ressente de tout cœur l'espoir que mon âme sera purifiée, pour mieux vous révérer par la grâce de Dieu. Rita auxiliatrice, recevez mon oraison, celle de mon cœur qui vous célèbre mais aussi celle de ma souffrance et de mon désarroi qui vous supplient. Soyez ma consola-

trice. Comment vous dire, sainte Rita de Cascia, l'espoir que j'ai placé en votre compassion ?

Sainte Rita, sublime rose de Cascia,
Par la lumière sublime de votre sollicitude,
Écoutez ma requête !
Sainte Rita, sublime rose de Cascia,
Par la lumière sublime de votre sollicitude
Soyez assez patiente pour veiller sur moi !
Sainte Rita, sublime rose de Cascia,
Par la lumière sublime de votre sollicitude,
Protégez-moi !
Sainte Rita, sublime rose de Cascia,
Par la lumière splendide de votre sollicitude,
Priez pour moi, malgré mes fautes !
Et que Dieu soit loué par les siècles des siècles !

Au nom du Père, du Fils, du Saint Esprit,
Ainsi soit-il !

Une autre prière

Voici une autre prière de même intention. Il sera bon de l'alterner avec la précédente. On peut choisir de dire l'une un jour, l'autre le lendemain. Le mieux est de les dire trois fois par jour, matin, midi et soir. Ainsi, en plus de la foi qu'elles éveillent, de leur efficacité, ces oraisons permettront de vivre un quotidien plus rassurant par l'exercice fort salutaire du retour sur soi au monde que donne la prière ! Car si elle est intérieure, elle ouvre aussi sur la vie qu'elle éclaire et à laquelle elle donne son vrai sens.

Prière d'un chômeur à sainte Rita de Cascia

Sainte Rita, prenez part à mon désarroi ! Unissez vos prières aux miennes pour éloigner de moi le désabus. Continuons l'effort, délivrez-moi de la timidité sans m'enlever l'humilité nécessaire au salut. Et, vénérable sainte Rita, dont la gloire rayonne, faites de moi l'ouvrier exact de la foi.

Mon cœur est désormais plein d'espoir ! Avec votre aide, je sais que je vais retrouver un emploi, alors même que je désespérais ! Bienheureuse sainte Rita, j'ai déposé à vos pieds une demande sincère qui dépassait mon désir et me rendait trop craintif. Il faut que je me rende à l'évidence, quelque chose a changé.

Travailler, mon vœu le plus cher, n'est plus inaccessible ! Et j'ai compris, grâce à vous, que l'espoir est aussi affaire de volonté. Sainte Rita, cette volonté va devenir solide, et je vais trouver un travail d'ici peu, grâce à votre aide.

Admirable sainte Rita, j'ai besoin de travail pour me nourrir moi-même, comme pour les miens. La grandeur de votre aide, Glorieuse servante du Très Haut, n'a pas laissé ma misère se refermer sur elle-même jusqu'à l'aporie, jusqu'à la déréliction, jusqu'au désespoir. Ô, sainte Rita, vous avez transformé mon désir en volonté fervente. Par votre intercession, tout a déjà changé. Et je repars, plus énergique, sur le chemin de la réussite.

Grande et vénérable sainte Rita, rose de Cascia, vous verrez que, d'ici peu, je vais retrouver l'utilité. On ne vous appelle jamais en vain ! Un seul de vos regard suffit à me rasséréner. La joie de vous aimer me rempli de bonheur. Une telle grandeur m'éblouit. Et je vous rends humblement grâce, car il est juste et bon de vous vénérer pour la plus grande gloire de Dieu.

Amen !

Enfermement

Le chômage peut avoir des conséquences horribles ! On est vite conduit à se renfermer, à s'isoler. On ne voit plus personne ! On s'enferme. On se complaît dans le ressassement. Parfois même avec une certaine complaisance, voire une volupté maussade. En même temps, comme nous l'avons vu, beaucoup de personnes se détournent d'un chômeur. Il fait peur. Et c'est ainsi que des amis, que l'on croyait fidèles tournent le dos au malheureux chômeur, traité comme un pestiféré.

Rancœur et solitude

Solitude… atroce solitude due au mépris ou à l'indifférence ! Elle est terrible et peut terrasser ! Et l'on en veut à ceux qui s'éloignent, qui se protègent en devenant distants. Il faut absolument vaincre la rancœur ! Car, sinon, nos prières seront vaines : il faut un cœur pur pour s'adresser à l'immense sainte Rita ! Voici une prière qui aidera à éloigner la rancœur, la malveillance. Elle est nécessaire autant qu'efficace :

Prière à sainte Rita pour ceux qui nous rejettent

C'est au-delà de ma peine et de mon affliction que je veux prier. Hélas mes amis se détournent de moi (les nommer), hélas, ils me tournent le dos ! Regardez ma détresse, vénérable sainte Rita !

Il est horrible d'être déçu par un ami que l'on aime ! Sainte Rita, je pleure les affections perdues ! Terrible est ma déception qui se mêle de colère autant que de regrets ! Il y a dans ma douleur, une amertume humiliante !

Ne me laissez pas sombrer dans une rancœur tenace. Et donnez-moi la force de pardonner. Assistez-moi, soyez mon auxiliatrice auprès du Seigneur pour qu'il m'octroie la grâce de ne pas détester ceux qui m'ont rejeté !

Donnez-moi l'immense force de la bonté chrétienne. En vérité, il faut pardonner les offenses. Je désire, bienheureuse Rita, je veux m'engager sur cette voie abrupte. Oui, je l'affirme, telle est ma disposition, car je veux servir Dieu pour devenir digne de sa grâce. Le pardon me permettra de devenir meilleur dans la constance de ma foi.

Il est juste et bon de vous prier, merveilleuse sainte Rita de Cascia, aidez-moi à pardonner. Soyez mon avocate ! Ne détournez pas vos regards de ma détresse !

Il faut que je demande à votre bonté d'aider ceux qui m'ont banni. Ceux qui m'ont fait du mal. Ceux qui m'ont abandonné. Car leur faute est grande aux yeux du Seigneur. Hélas, ils risquent d'endurer le courroux de Dieu, l'unique en trois personnes !

Ô, vénérable sainte Rita de Cascia, faites que Dieu leur pardonne ! Ne les laissez pas dans la honte de cette faute ! Sauvez-les de la colère divine !

Car il est juste et bon de pardonner les offenses, me voici à vos pieds, vénérable sainte Rita de Cascia. Acceptez mon effort, ma volonté de ne pas céder à l'amertume, à la rancœur. Ma foi sera plus forte si je puis pardonner ! Et si je prie sincèrement pour le salut de ceux qui m'ont nui.

Faites, merveilleuse sainte Rita, que ma décision soit ferme ! Acceptez aussi de m'aider pour que je veuille sincèrement le bien de ces gens oublieux, de ces amis perdus qui m'ont banni de leurs vies. Il faut que j'y parvienne pour devenir meilleur !

Terrible est la tristesse de celui qu'on trahit ! Bienheureuse Rita, je désire néanmoins que Dieu pardonne la faute honteuse de ces personnes que le mal a inspirées. Avec votre intercession, avec mes prières jointes aux vôtres, Dieu se montrera indulgent et les accueillera s'ils se repentent et mènent sainte vie dans l'observance de la sainte Loi du Seigneur.

Ne me refusez pas votre aide, sainte Rita ! De tout mon cœur je veux pardonner ! Et découvrir en moi une bienveillance nouvelle. Regardez ma détresse et comprenez mes efforts ! Donnez-moi la ferveur et la foi nécessaires pour effacer de mon cœur les pensées agressives.

Unique est notre Dieu ! Rien au monde n'est plus précieux que son pardon, aussi, à ma modeste mesure, je pardonne et je prie pour ceux qui m'ont fait mal...

Gloire à Dieu au plus haut des cieux !

Pour terminer, il sera bon de penser au travail souhaité, d'anticiper, de s'imaginer ayant recouvré l'emploi. On s'aidera en ajoutant aux oraisons à la merveilleuse Rita, cette prière à saint Joseph, le patron des travailleurs. Car il saura exercer sa protection sur notre vie qui redeviendra, n'en doutons pas laborieuse si nous prions d'un cœur sincère. Ce cycle de quatre prières est devenu traditionnel et a montré une efficacité remarquable. Sachons prier avec rigueur, ténacité, opiniâtreté : nous en serons récompensés à coup sûr ! Nos prières seront exaucées et notre vie deviendra meilleure par la sublime grâce du Seigneur, notre Dieu, l'Unique en trois personnes. Et par l'intercession de sainte Rita renforcée par celle de saint Joseph, le modeste charpentier, débonnaire et dont la charité est infinie.

Oraison à saint Joseph, patron des travailleurs

Saint Joseph, la foi est un travail fait d'ardeur opiniâtre,
Je veux m'améliorer pour la gloire du Seigneur
Donne-moi la piété, donne-moi la ferveur.
Joseph, je dois aimer et me vaincre à la fois
Assiste-moi dans cet ouvrage.
Chacun travaille en lui-même pour sa propre vérité,
Autant qu'il doit œuvrer pour les autres et pour Dieu.
Comme Noé assemblant les étais de son Arche
Et découvrant ainsi ce qu'il fut, ce qu'il est.

Saint Joseph, la foi est un travail fait d'ardeur opiniâtre
Je veux m'améliorer pour la gloire du Seigneur
Donne-moi la piété, donne-moi la ferveur.
Joseph, je dois aimer et me vaincre à la fois
Assiste-moi dans cet ouvrage.

Chacun travaille en lui-même pour sa propre vérité,
Autant qu'on doit œuvrer pour le bien commun,
Comme le bâtisseur des nobles cathédrales
Et comme l'architecte, à la gloire de Dieu.

Saint Joseph, la foi est un travail fait d'ardeur opiniâtre
Je veux m'améliorer pour la gloire du Seigneur
Donne-moi la piété, donne-moi la ferveur.
Joseph, je dois aimer et me vaincre à la fois
Assiste-moi dans cet ouvrage.

Chacun affronte la fatigue du labeur infini,
Et travaille en lui-même pour sa propre vérité,
Construisant comme jadis les ouvriers du Temple,
L'église de chaque jour sous le regard de Dieu.

Saint Joseph, la foi est un travail fait d'ardeur opiniâtre
Je veux m'améliorer pour la gloire du Seigneur
Donne-moi la piété, donne-moi la ferveur.
Joseph, je dois aimer et me vaincre à la fois
Assiste-moi dans cet ouvrage.

Ainsi soit-il.

On ajoutera trois Notre Père, le premier en pensée, en silence, en son for intérieur, afin que les saintes paroles soient en nous-mêmes, comme en secret, intimement liées à notre personne et à notre foi. Le deuxième sera murmuré, comme une confidence. Le troisième sera prononcé et bien articulé à haute et intelligible voix, pour affirmer clairement notre foi.

Prière d'une future maman

Transcendance

La maternité transcende la femme ! En même temps, elle permet de comprendre mieux ce qu'est l'humanité ! Le fait biologique qu'est la reproduction prend un sens chez l'être humain, le place dans son temps, dans sa durée, son destin, posant tous les problèmes de la vie et de la mort ! Comme ceux de la foi. Ces problèmes ne doivent pas nous cacher la grande joie de la transmission, de la succession, du passage voulu par Dieu d'une génération à une autre pour sa plus grande gloire. Ainsi, chacun de nous devient à son tour le maillon nécessaire de la grande chaîne de la vie.

Le sacrifice paradoxal

La foi décide. Telle fut celle de Rita, qui accepta un sort contraire à ses désirs ! Rita de Cascia devint mère. Il faut l'évoquer dans son attente, même si la vie l'a déçue. Même si son mariage fut inadéquat. Il faut comprendre le cheminement de cette femme qui aurait, au départ, préféré la vie monacale. Et qui, soumise à la volonté de Dieu, s'efforça d'accepter puis d'aimer son état de mère. Et d'aimer ses enfants jusqu'au sacrifice le plus profond, le plus intense... Le plus paradoxal et même le plus incroyable !

Réfléchir et méditer

En nos jours de dédain affreux pour la vie humaine, il faut, avec Rita, en compagnie de son esprit, réfléchir, méditer, comprendre le sens de notre vie à l'ombre du Seigneur qui donna la sienne pour notre salvation éternelle. Et celle de nos proches ! Quelle merveille que la vie ! On ne saurait trop remercier Dieu de nous avoir donné ce bien précieux ! Et de lui avoir aussi donné un sens profond ! Qu'il soit loué au plus haut des cieux !

L'expérience d'Ève et de Sarah

Toute jeune mère revit l'expérience d'Ève comme celle de Sarah, avant de revivre celle de Sainte Marie, trois fois sainte sous le signe de La Trinité sacrée, vierge et mère à la fois. Mais elle revit aussi celle de sainte Rita qui, malgré son malheur et sa maternité déçue, ne perdit jamais l'espoir, la foi, la grandeur ferme et douce d'une grande âme chrétienne. Ève la première, Sarah la fondatrice : deux visages de femme qu'il faut comprendre et que chaque femme peut prendre pour elle-même... Comme elle peut aussi essayer de comprendre sainte Rita...

Une nouvelle vie

Par chance, chacune ne revit pas le malheur de Rita. La volonté divine s'y oppose ! Mais en pensant à la douce mère de Cascia, la future maman trouvera une force confiante qui l'aidera durant neuf mois et durant le temps de l'accouchement. Le tout sera vécu chrétiennement et la bénédiction de l'humble sainte des causes désespérées accompagnera une nouvelle vie sur le chemin d'Abraham, sur la Voie Royale de l'existence chrétienne.

Prière d'une future maman

Je veux offrir à Dieu, vénérable sainte Rita,
La joie qui m'illumine d'être bientôt mère d'un chrétien,
Je veux louer le Seigneur,
Qui m'a faite femme féconde, porteuse de la vie
Et du bonheur suprême d'être à Dieu sur la terre.

Soyez à mes côtés, vénérable Sainte Rita
Je veux honorer Dieu en suivant votre exemple !

Ô ma glorieuse protectrice, sainte Rita, que le Ciel a daigné faire naître à la prière persévérante d'une maman stérile et déjà fort avancée en âge, jetez un regard bienveillant sur votre fidèle dévote humblement prosternée devant vous.

Je veux offrir à Dieu, vénérable sainte Rita,
La joie qui m'illumine d'être bientôt mère d'un chrétien,
Je veux louer le Seigneur,
Qui m'a faite femme féconde, porteuse de la vie
Et du bonheur suprême d'être à Dieu sur la terre.
Soyez à mes côtés, vénérable sainte Rita
Je veux honorer Dieu en suivant votre exemple !

Vous avez eu deux fois le bonheur d'être maman et avant la naissance de chacun de vos enfants vous avez demandé à Dieu de les bénir et de pouvoir les élever chrétiennement. Je vous en prie, ô sainte Rita, obtenez-moi du Seigneur la grâce d'une heureuse maternité.

Je veux offrir à Dieu, vénérable sainte Rita,
La joie qui m'illumine d'être bientôt mère d'un chrétien,
Je veux louer le Seigneur,
Qui m'a faite femme féconde, porteuse de la vie
Et du bonheur suprême d'être à Dieu sur la terre.
Soyez à mes côtés, vénérable sainte Rita
Je veux honorer Dieu en suivant votre exemple !

Dès maintenant, je consacre mon enfant au Cœur Sacré de Jésus et à sa divine Mère Immaculée, et je le place sous votre puissante protection. Chère sainte Rita, intercédez pour moi auprès du Seigneur et que sa sainte Volonté se réalise en moi-même et en mon enfant.

Je veux offrir à Dieu, vénérable sainte Rita,
La joie qui m'illumine d'être bientôt mère d'un chrétien,
Je veux louer le Seigneur,
Qui m'a faite femme féconde, porteuse de la vie
Et du bonheur suprême d'être à Dieu sur la terre.
Soyez à mes côtés, vénérable sainte Rita
Je veux honorer Dieu en suivant votre exemple !

Ainsi soit-il.

Affection profonde

Devenir mère ! Le doux souci ! Bien évidemment, la bienveillance de sainte Rita se tourne vers les mères chrétiennes, et vers celles qui veulent le devenir ! Il faut comprendre cette affection profonde, et considérer qu'elle provient d'une mère dont l'amour a été d'une force fabuleuse ! Terrible, même ! Et ce fut à tel point que la pauvre Rita, cette mère éplorée, inquiète et dolente, préféra que Dieu rappelle ses fils à lui plutôt que de les voir courir le danger suprême ! Quel merveilleux amour à nul autre pareil !

Lumière

Oui, l'amour est Lumière, il est toute Lumière ! Aussi prions Rita, la rose de Cascia. Une prière sincère trouve toujours le chemin de son cœur. Car sainte Rita est la mansuétude même ! Une mère Chrétienne doit savoir qu'elle peut s'adresser à elle en toute confiance. Louons la grandeur de sainte Rita, la rose de Cascia, la patronne des causes désespérées, le recours de la dernière heure. Voici une autre prière, celle d'une mère, mais que la future Maman peut aussi dire par anticipation !

Prière d'une mère Chrétienne à sainte Rita de Cascia

Glorieuse sainte Rita,
patronne des causes désespérées aux merveilleux privilèges
dont le Seigneur a bien voulu vous favoriser,
dans sa Sainte grâce
Il voulu ajouter joindre celui
de venir en aide aux mères en danger.
Vénérable sainte Rita de Cascia
pendant toute votre vie terrestre
et depuis votre sainte entrée dans la vie véritable,
vous avez été secourable à celles qui,
craignant pour leur progéniture
dans leurs moments d'inquiétude,
ont eu recours à vous.

Combien de mères vous ont,
Grâce à votre puissante intercession
Découvert la profonde allégresse
de voir leur enfant régénéré
dans les eaux baptismales !

Sainte Rita,
rose pure de Cascia,
Cette faveur, si belle et si précieuse,
daignez, je vous en supplie, ne point me la refuser.
Obtenez du Seigneur,
Par la force de votre intercession bénévolente,
Que mon enfant devienne,
par le merveilleux effet du saint baptême,
un véritable enfant de Dieu,
Dans la paix du Christ
Et pour la plus grande gloire

du Père, du Fils et du Saint-Esprit.
Que mon enfant puisse être,
Durant ses premières années,
Le convive des anges,
Et l'héritier du ciel.

Sainte Rita,
obtenez aussi
Pour ma modeste personne,
La douceur, la tendresse,
Mais aussi la fermeté d'une bonne éducatrice
Capable de guider cet enfant
Sur le chemin d'Abraham.

Sainte Rita de Cascia,
je vous en conjure,
Donnez-moi, par la puissance de votre auxilliation
la grâce d'élever cet enfant bien-aimé dans la connaissance,
dans le service, dans l'amour de Dieu,
afin qu'après avoir eu la joie de le voir avancer
en âge et en sagesse,
j'ai la gloire d'être un jour
La mère d'un élu.

Au nom du Père, du Fils et du Saint-Esprit,
Ainsi soit-il.

Discours de Sa Sainteté Pie XII

La maternité, pour une chrétienne, revêt un sens profond. Nous avons jugé bon, afin de le préciser, afin de réconforter les jeunes futures mères, d'adjoindre à la prière précédente, le point de vue d'un Saint Père qui, dans une époque aussi troublée, sinon plus que celle de sainte Rita, donna un peu de confiance en l'avenir aux hommes et aux femmes.

Malgré la menace

S'adressant aux jeunes mariés, le très saint Pie XII envisage le devenir du couple en toute sollicitude et ceci, malgré la menace constante d'un temps de haine, de fureur et de sang. On devra méditer ce qui suit à l'ombre de sainte Rita, la "Patronne des causes désespérées" afin de se renforcer et de connaître dans la communion de la chair et de l'esprit, l'espoir dans l'avenir à la grâce de Dieu, le Père, Créateur du Ciel et de la Terre, de Dieu, le Fils qui a donné sa vie pour nous, de Dieu, le Saint-Esprit qui est le souffle primordial à l'origine de toute chose et être. Car Dieu, l'Unique en trois personnes est le Seigneur du monde : il est juste et bon de lui rendre grâce.

La fée de la maison

Si la vie de l'homme sur la terre, on vous l'a déjà souvent répété sans doute, est un combat, chers jeunes mariés, la vie de deux époux chrétiens en est également un : c'est le combat de deux âmes courageuses, unies l'une à l'autre pour surmonter les épreuves et tenir tête aux attaques qui menacent parfois le champ clos du foyer, car les afflictions et les difficultés, selon saint Paul, ne leur manqueront point (1 Cor. VII, 28).

Vous entrez avec joie dans le sentier de la vie conjugale ; le prêtre a béni l'union de vos cœurs et à notre tour nous vous bénissons, vous souhaitant les grâces et les secours que l'Église a implorés sur vous pour la joie de votre foyer. Toutefois, du seuil de votre maison, vous jetez un regard sur les nombreuses familles que vous connaissez, que vous avez connu, ou dont vous avez entendu l'histoire, familles proches ou lointaines, humbles ou puissantes. Les mariages qui les fondèrent furent-ils ou sont-ils heureux, tous joyeux dans la paix et la tranquillité, tous comblés dans leurs désirs et leurs tendres rêves des premiers jours ? Il serait vain de l'espérer. Les ennuis entrent souvent d'eux-mêmes dans les familles, sans même qu'on les ait recherchés ou qu'on y ait donné prise. "Les malheurs, dirons-nous avec un grand romancier chrétien, viennent souvent, il est vrai, parce que nous y donnons prise ; mais la conduite la plus avisée et la plus innocente ne suffit point à les écarter et, lorsqu'ils viennent — par notre faute ou non, peu importe —, la confiance en Dieu les adoucit et les rend bienfaisants pour une vie meilleure" (Manzoni, I, Promessi Sposi).

Vos mariages, bien-aimés fils et filles, nous voulons bien le croire, sont tous heureux : ils ont, dans le Seigneur, le sourire de la confiance réciproque, de la mutuelle affection, de la concorde, et vous marchez unis dans votre courage vers l'avenir que le Ciel vous prépare. Vous voilà à l'aurore d'une vie nouvelle, de votre vie commune : un splendide matin inaugure un beau jour, et chacun vous souhaite que le midi de votre longue journée brille sans cesse d'un éclat tranquille que ne troublent point les brouillards, les vents, les nuages ni les tempêtes. Toutefois, pour assurer à votre bonheur une durable stabilité, ne convient-il pas de rechercher ce qui pourrait le diminuer ou l'assombrir, ce qui pourrait le mettre dans le danger plus ou moins prochain de se perdre.

Les vies conjugales les plus malheureuses sont celles où la loi de Dieu est gravement violée par l'un des conjoints, ou par l'un et l'autre. Cependant, bien que ces fautes soient une source funeste entre toutes du malheur des familles, nous ne voulons pas nous y arrêter aujourd'hui. Nous songeons plutôt aux époux réglés dans leur conduite, fidèles aux devoirs essentiels de leur état, et qui, par ailleurs, ne sont pas heureux dans leur mariage parce que leur cœur y rencontre si souvent le dépit, le malaise, l'éloignement, la froideur et les heurts. Sur qui rejeter la responsabilité de ces troubles et agitations de la vie commune?

C'est un fait hors de doute que la femme peut contribuer plus que l'homme au bonheur du foyer. Au mari incombe la tâche d'assurer la subsistance et l'avenir des personnes et de la maison, de prendre des décisions qui engagent les parents et les enfants; à la femme ces mille petits soins, ces mille petites attentions, tous ces impondérables de la vie quotidienne qui donnent son atmosphère à la famille, une atmosphère qui devient, par leur présence, saine, fraîche, réconfortante, et que leur absence rend pesante, viciée, irrespirable. Au foyer, l'action de l'épouse doit toujours être celle de la femme forte que la sainte Écriture exalte tant, de la femme en qui le cœur de son mari a confiance et qui lui fait du bien, et non du mal, tous les jours de sa vie (Prov. XXXI, 11-12).

N'est-ce pas une vérité ancienne, et toujours nouvelle — vérité qui a son fondement dans la constitution physique de la femme, vérité inexorablement proclamée par les expériences du passé le plus lointain et par les expériences plus récentes de notre époque d'industrialisation effrénée, de revendications égalitaires, de concours sportifs —, n'est-ce pas une vérité que c'est la femme qui fait le foyer et qui en a le soin, et que jamais l'homme ne saurait la remplacer dans cette tâche? C'est la mission qui lui est imposée par la nature et par son union avec l'homme, pour le bien même de la société. Entraînez-la, attirez-la hors de sa famille par un de ces trop nombreux appâts qui s'efforcent à l'envie de la gagner et de la retenir: vous verrez la femme négliger son foyer, et qu'arrive-t-il sans cette flamme? L'air de la maison se refroidira ; le foyer cessera pratiquement d'exister et il se changera en un précaire refuge de quelques heures ; le centre de la vie journalière se déplacera pour son mari, pour elle-même, pour les enfants.

Or, qu'on le veuille ou non, pour celui, homme ou femme, qui est marié et résolu de rester fidèle aux devoirs de son état, le bel édifice du bonheur ne peut s'élever que sur le fondement stable de la vie de famille. Mais où trouverez-vous la vraie vie de famille, sans un foyer, sans ce centre visible et réel où tous puissent se rassembler, et cette vie se retrouver et s'enraciner, se maintenir et s'approfondir, se développer et fleurir ? Ne dites point que, matériellement, le foyer existe dès le jour que deux mains ont échangé l'anneau pour se joindre et que les époux ont une chambre commune, sous un même toit, dans leur appartement, dans leur habitation spacieuse ou étroite, riche ou pauvre. Non, ne tenez point de pareils propos, car le foyer matériel ne suffit pas à l'édification spirituelle du bonheur. Il faut soulever la matière, il faut la porter dans une atmosphère supérieure et plus respirable ; il faut que du foyer d'argile s'élance la flamme vive et vivifiante de la nouvelle famille. Ce ne sera pas l'œuvre d'un jour, surtout si on ne demeure pas dans un foyer déjà préparé par les générations précédentes mais, comme c'est aujourd'hui le cas le plus fréquent, au moins en ville, dans un logement de passage, simplement loué. Qui créera donc peu à peu, jour par jour, le vrai foyer spirituel, sinon celle qui est devenue "maîtresse de maison", celle en qui se confie le cœur de son mari ? Que le mari soit ouvrier, agriculteur, homme de lettres ou de science, employé ou fonctionnaire, il est inévitable que, la plupart du temps, il exerce son activité hors de la maison ou bien, si c'est à la maison, qu'il s'isole longuement, à l'écart de la vie de famille, dans le silence de son étude. Pour lui, le foyer domestique deviendra l'endroit où il ira refaire au terme de son travail ses forces physiques et morales, dans le repos, le calme et la joie intime.

Pour la femme, le foyer demeurera l'asile d'amour où s'exerce à peu près toute son activité; peu à peu, si pauvre que soit cette retraite, elle en fera une maison où l'on vit ensemble dans la joie et dans la paix; et elle l'ornera, mais pas de meubles ou d'objets d'auberge sans style, sans marque personnelle, sans expression: elle l'ornera de souvenirs que laisseront sur le mobilier ou que suspendront aux parois les événements de la vie en commun, les goûts et les pensées, les joies et les peines communes, vestiges et signes parfois visibles, parfois presque imperceptibles, mais d'où, avec le temps, le foyer de pierre tirera son âme. Mais ce qui donnera une âme au tout, c'est la main et l'art de la femme qui permettront à l'épouse de rendre attrayants tous les coins du foyer, ne fût-ce que par la vigilance, l'ordre et la propreté, que par le souci de tenir toute chose préparée bien à propos, le dîner pour la restauration des forces, le lit pour le repos. Dieu a donné à la femme plus qu'à l'homme, avec le sens de la grâce et de la beauté, le don de rendre aimables et familières les choses les plus simples, et cela précisément parce que, créée semblable à l'homme pour former avec lui une famille, elle est faite pour répandre le charme et la douceur au foyer de son mari et y assurer une vie à deux féconde et florissante.

Et lorsque Dieu dans sa bonté aura donné à l'épouse la dignité de mère auprès d'un berceau, loin de diminuer ou de détruire le bonheur du foyer, les vagissements du nouveau-né l'augmenteront, ils le transfigureront dans l'auréole divine dont les anges resplendissent dans le Ciel, car il descendra de là-haut un rayon de vie surnaturelle qui transformera les enfants des hommes en enfants de Dieu. Telle est la sainteté du lit conjugal. Telle est la dignité de la maternité chrétienne. Voilà le salut de la femme mariée. Car, écrit saint Paul, c'est en devenant mère que la femme se sauvera, pourvu qu'elle persévère dans la foi, dans la charité et dans la sainteté, unies à la modestie (cf. 1 Tim. II, 15). Vous comprenez maintenant que la piété soit utile à tout, puisqu'elle a des promesses pour la vie présente et pour la vie à venir

(1 Tim IV, 8), et qu'elle est, au dire de saint Ambroise, le fondement de toutes les vertus.

Un berceau consacre la mère de famille plusieurs berceaux la sanctifient et la glorifient devant son mari et ses enfants, devant l'Église et la patrie. Elles s'ignorent elles-mêmes et ce sont de malheureuses insensées, ces mères qui se lamentent lorsqu'un nouvel enfant se presse contre leur sein pour y puiser un aliment de vie. Ce n'est pas aimer le bonheur de son foyer que de gémir sur la bénédiction de Dieu, alors que Dieu est là qui l'entoure et le développe. L'héroïsme de la maternité est la fierté et la gloire de l'épouse chrétienne. Quand sa maison est vide, quand il y manque la joie d'un petit ange, sa solitude se tourne en prière et en invocation à l'adresse du Ciel; ses larmes se mêlent aux pleurs d'Amie qui, à la porte du Temple, supplie le Seigneur de lui faire don de Samuel (1 Rois I).

Chers jeunes époux, élevez donc constamment votre pensée à la considération de votre responsabilité pour la sereine joie de la vie conjugale, dont vous connaissez aussi les difficultés et les charges

Discours de SS. Pie XII aux jeunes mariés
25 février 1942

Prière générale pour obtenir l'auxiliation et la protection permanentes de sainte Rita de Cascia

Protection : le "non-événement"

Quiconque a su prier de toute son âme comprendra aisément que, de toute façon, on ne peut pas faire comprendre, à qui ne l'a pas éprouvé, ressenti en lui-même, l'effet d'une prière de protection. Au contraire de la prière de guérison, qui est spectaculaire dans ses effets, lorsqu'on l'a dite avec ferveur, la prière de protection n'offre rien à voir ! On ne peut constater ce qui n'arrive pas ! On ne peut pas dire : "Il n'y a pas eu d'accident !" De même que les journaux ne publient pas d'articles sur les trains qui ne déraillent pas et sur les gens auxquels rien n'est arrivé !

Prière de protection à Rita de Cascia

Que la lumière du Dieu Unique se répande sur le monde !
Que le royaume du Très Haut advienne !
Que la paix soit avec les hommes de bonne volonté
Pour la plus grande gloire de Dieu,
Car il est Dieu, le Père, créateur du ciel et de la terre,
Car il est Dieu, le Fils, qui est notre Sauveur
Et mourut sur la croix en offrande sublime,
Car il est Dieu, le Saint-Esprit, le souffle même de la vie !
Ma faiblesse est immense, merveilleuse sainte Rita
Mais j'ai confiance en toi et je connais ton dévouement
À la grandeur sublime de la très sainte Vierge,

Je te demande donc d'intercéder auprès d'elle
Afin que je sois secouru en cas de malheur
Et que ma foi demeure constante,
Grâce à ta généreuse intercession !

Que la lumière du Dieu Unique se répande sur le monde !
Que le royaume du Très Haut advienne !
Que la paix soit avec les hommes de bonne volonté
Pour la plus grande gloire de Dieu,
Car il est Dieu, le Père, créateur du ciel et de la terre,
Car il est Dieu, le Fils, qui est notre Sauveur
Et mourut sur la croix en offrande sublime,
Car il est Dieu, le Saint-Esprit, le souffle même de la vie !

Sainte Rita, je sais que tu me protégeras,
Puisque je me tourne vers toi avec un cœur pur !
Je crois en Dieu et je prie.
Et je te demande humblement ta précieuse bénédiction,
Comme ton intercession auprès de la Très sainte Vierge Marie !

Que la lumière du Dieu Unique se répande sur le monde !
Que le royaume du Très Haut advienne !
Que la paix soit avec les hommes de bonne volonté
Pour la plus grande gloire de Dieu,
Car il est Dieu, le Père, créateur du ciel et de la terre,
Car il est Dieu, le Fils, qui est notre Sauveur
Et mourut sur la croix en offrande sublime,
Car il est Dieu, le Saint-Esprit, le souffle même de la vie !

Vénérable sainte Rita, je me repends infiniment
Tout autant que je souffre par mes propres péchés,
Qui me remplissent de honte !
Aide-moi, je t'en conjure !
Je sais que nul cœur sincère ne t'a jamais appelée en vain,
Car ta grande bonté est sensible aux tourments du pécheur !

Que la lumière du Dieu Unique se répande sur le monde !
Que le royaume du Très Haut advienne !
Que la paix soit avec les hommes de bonne volonté
Pour la plus grande gloire de Dieu,
Car il est Dieu, le Père, créateur du ciel et de la terre,
Car il est Dieu, le Fils, qui est notre Sauveur
Et mourut sur la croix en offrande sublime,
Car il est Dieu, le Saint-Esprit, le souffle même de la vie !
Il est saint de te louer car cela plaît à Dieu qui t'aime !
Naturellement bonne,
Tu t'es encore perfectionnée jusqu'à la sainteté
Pour l'amour du Seigneur et pour celui de ton prochain !
Je sais que tu vas accepter ma prière
Qui vient du fond de l'âme.
Une seule de tes pensées peut nous sauver.
Car tu es auxilliatrice.
Une âme en détresse peut toujours compter sur toi.
La foi me sauvera grâce à ta protection.

Que la lumière du Dieu Unique se répande sur le monde !
Que le royaume divin advienne !
Que la paix soit avec les hommes de bonne volonté
Pour la plus grande gloire de Dieu,
Car il est Dieu, le Père, créateur du ciel et de la terre,
Car il est Dieu, le Fils, qui est notre Sauveur
Et mourut sur la croix en offrande sublime,
Car il est Dieu, le Saint-Esprit, le souffle même de la vie !

Je veux m'avancer jusqu'à l'autel de Dieu
En toute quiétude, une fois que mon péché
Que je vais confesser sera remis et pardonné !
Je veux m'agenouiller au pied de la Grandeur Divine
Et demeurer, désormais plus sage
Et plus pur en hommage à l'immense gloire de Dieu, l'ineffable !

Que la lumière du Dieu Unique se répande sur le monde !
Que le royaume du Très Haut advienne !
Que la paix soit avec les hommes de bonne volonté
Pour la plus grande gloire de Dieu,
Car il est Dieu, le Père, créateur du ciel et de la terre,
Car il est Dieu, le Fils, qui est notre Sauveur
Et mourut sur la croix en offrande sublime,
Car il est Dieu, le Saint-Esprit, le souffle même de la vie !

Quelle est donc cette folie qui m'a poussé à agir sans discernement ?
À négliger les saintes pensées
Et à me montrer ainsi inexact dans le service divin ?
Ne pouvais-je pas faire acte de prudence ?
Ah ! Je me désole, maintenant qu'il est trop tard !

Que la lumière du Dieu Unique se répande sur le monde !
Que le royaume du Très Haut advienne !
Que la paix soit avec les hommes de bonne volonté
Pour la plus grande gloire de Dieu,
Car il est Dieu, le Père, créateur du ciel et de la terre,
Car il est Dieu, le Fils, qui est notre Sauveur
Et mourut sur la croix en offrande sublime,
Car il est Dieu, le Saint-Esprit, le souffle même de la vie !

Bienheureuse Rita,
Donne-moi le courage de ne point m'affaiblir,
De ne pas sombrer dans l'abandon et la solitude,
De ne pas céder au désespoir qui rôde autour de moi
Et tente à tout jamais de m'éloigner de Dieu !

Que la lumière du Dieu Unique se répande sur le monde !
Que le royaume du Très Haut advienne !
Que la paix soit avec les hommes de bonne volonté
Pour la plus grande gloire de Dieu,
Car il est Dieu, le Père, créateur du ciel et de la terre,

Car il est Dieu, le Fils, qui est notre Sauveur
Et mourut sur la croix en offrande sublime,
Car il est Dieu, le Saint-Esprit, le souffle même de la vie!

Sainte Rita, exauce ma prière
Et renforce ma ferme volonté de me montrer moins léger,
Moins impudent
Et plus conscient des devoirs envers Dieu qui sont miens!
Je désire ne jamais connaître
Une honte aussi pénible que celle des impies,
Ou pire, de ceux qui ont délaissé la foi par négligence!
Qui ont péché en manquant de prudence
Comme de tempérance.
Aussi j'implore pour devenir plus sagace et plus sage
Tout en respectant mieux la sainte loi de Dieu.

Que la lumière du Dieu Unique se répande sur le monde!
Que le royaume du Très Haut advienne!
Que la paix soit avec les hommes de bonne volonté
Pour la plus grande gloire de Dieu,
Car il est Dieu, le Père, créateur du ciel et de la terre,
Car il est Dieu, le Fils, qui est notre Sauveur
Et mourut sur la croix en offrande sublime,
Car il est Dieu, le Saint-Esprit, le souffle même de la vie!

Avec le soutien que tu me donneras, ineffable Rita,
Sœur des hommes, inspirée
Je sais que je mènerai une vie plus sage!
Car ta bonté me fortifiera, malgré ma faiblesse insigne!

Que la lumière du Dieu Unique se répande sur le monde!
Que le royaume du Très Haut advienne!
Que la paix soit avec les hommes de bonne volonté
Pour la plus grande gloire de Dieu,
Car il est Dieu, le Père, créateur du ciel et de la terre,

Car il est Dieu, le Fils, qui est notre Sauveur
Et mourut sur la croix en offrande sublime,
Car il est Dieu, le Saint-Esprit, le souffle même de la vie !

Non, Vénérable Rita, je ne serai plus tout aussi inconstant !
Ici et maintenant je me résous à m'amender,
Ma faute est ordinaire et indigne de moi !
Ainsi, je veux prier, il faut que mon humilité demeure,
Toujours fidèle au Seigneur tout-puissant !
Rassérène-moi, ô Rita,
Et viens me secourir, car j'ai beaucoup péché !

Que la lumière du Dieu Unique se répande sur le monde !
Que le royaume du Très Haut advienne !
Que la paix soit avec les hommes de bonne volonté
Pour la plus grande gloire de Dieu,
Car il est Dieu, le Père, créateur du ciel et de la terre,
Car il est Dieu, le Fils, qui est notre Sauveur
Et mourut sur la croix en offrande sublime,
Car il est Dieu, le Saint-Esprit, le souffle même de la vie !

Mon âme s'égare trop souvent, Vénérable sainte Rita,
je ne veux plus recommencer mes erreurs !
Et faut que je renforce ma foi dans le Seigneur !
Regarde ma peine ! Dieu est saint, trois fois saint et moi,
j'ose faillir à Sa Face ! Et me voici en inquiétude suprême !
Dieu, notre Père a donné son fils afin que nous soyons sauvés !
Il convient de se montrer digne de cette faveur immense !
Et je me repens car je fus trop léger,
Un péché comme le mien m'horripile et me nuit !

Que la lumière du Dieu Unique se répande sur le monde !
Que le royaume du Très Haut advienne !
Que la paix soit avec les hommes de bonne volonté
Pour la plus grande gloire de Dieu,

Car il est Dieu, le Père, créateur du ciel et de la terre,
Car il est Dieu, le Fils, qui est notre Sauveur
Et mourut sur la croix en offrande sublime,
Car il est Dieu, le Saint-Esprit, le souffle même de la vie !

Rita, par la puissance de la prière,
L'espoir renaît en moi, et grâce à ton accompagnement,
J'ai osé prier sainte Marie, car je me sentais indigne
Autant qu'intimidé par son immense pureté !

Que la lumière du Dieu Unique se répande sur le monde !
Que le royaume du Très Haut advienne !
Que la paix soit avec les hommes de bonne volonté
Pour la plus grande gloire de Dieu,
Car il est Dieu, le Père, créateur du ciel et de la terre,
Car il est Dieu, le Fils, qui est notre Sauveur
Et mourut sur la croix en offrande sublime,
Car il est Dieu, le Saint-Esprit, le souffle même de la vie !

Je prends la ferme résolution d'acquérir avec soin
La vertu de prudence,
Car je veux être juste sur la terre des hommes !
Bienheureuse Rita,
Il n'y a pas de détresse que tu ne puisses comprendre.
Ta bonté et ta miséricorde te font connaître le cœur
Et l'âme qui, éplorée se tourne vers le Seigneur.

Que la lumière du Dieu Unique se répande sur le monde !
Que le royaume du Très Haut advienne !
Que la paix soit avec les hommes de bonne volonté
Pour la plus grande gloire de Dieu,
Car il est Dieu, le Père, créateur du ciel et de la terre,
Car il est Dieu, le Fils, qui est notre Sauveur
Et mourut sur la croix en offrande sublime,
Car il est Dieu, le Saint-Esprit, le souffle même de la vie !

Prière en toute nécessité

La question de l'intercession des saints a soulevé des conflits parfois épouvantables ! Certains, jadis, osèrent déclarer que la vénération des saints s'apparente à la nécromancie ! Ce qui vient d'une interprétation ridicule d'un passage des Saintes Écritures :

On ne trouvera chez toi personne qui fasse passer au feu son fils ou sa fille, qui pratique divination, incantation, mantique ou magie, personne qui use de charmes, qui interroge les spectres et devins, qui invoque les morts ; car quiconque fait ces choses est en abomination à Yahvé ton Dieu.

Deutéronome, XVIII, 10-12.

Nécromancie ? C'est une idée folle : les saints, quoique morts au monde matériel, sont vivants dans le Christ. L'Évangile se montre formel :

Je suis la résurrection et la vie; celui qui croit en moi, fût-il mort, vivra !

Jean, XI, 26.

Ce qui se précise par cette phrase définitive et pleine de foi sublime :

Il n'est pas le Dieu des morts, mais des vivants.

Marc, XII, 2.

Il n'y a donc pas de discussion possible : il est légitime de demander de l'aide aux saints, tandis que leur action bénéfique s'est fait ressentir à chaque fois qu'on les a priés purement, avec sincérité ! Sainte Rita, comme d'autres, n'a jamais ignoré l'humble pécheur en détresse qui l'a implorée d'un cœur aimant et confiant!

Les saints sont dans le ciel. Ils persistent dans la gloire du Seigneur. Ils vivent la Vraie Vie, l'Éternelle! Et leur multitude chante la louange infinie de l'Éternel, de l'Unique: Dieu!

... *nous sommes enveloppés d'une nuée de témoins*

Apocalypse, XIX, 1-10.

Et ces témoins, ces saints se trouvent devant le trône de Dieu! Ils... le servent jour et nuit dans son sanctuaire.

Apocalypse, VII, 15.

L'intercession des saints ne peut être qu'un bien car nous sommes tous membres du Christ:

Ainsi, nous qui sommes plusieurs, nous ne faisons qu'un seul corps dans le Christ.

Romains, XII, 5.

Oui, nous sommes, vivants de la terre et vivants de l'éternité, tous frères en Jésus, le Christ Roi! Chantons ses louanges en sachant qu'il existe une communion spirituelle étroite entre tous les membres du Corps mystique de Jésus-Christ! Qu'il s'agisse de ceux qui cheminent provisoirement sur la terre, en proie au mal et qui luttent ou, et ceux qui vivent éternellement dans l'ineffable gloire du Seigneur! Que soient loués les saints, les justes et les anges!

Il faut savoir que leur intercession est merveilleuse et se trouve déjà mentionnée à propos d'un grand serviteur de Dieu:

L'ange Raphaël dit: " je présentais ta prière au Seigneur ".

Tobie, XII, 12.

Ce qui démontre d'une façon éclatante la possibilité de l'intercession! Comme les saints prient dans le ciel; ils y sont actifs. Et peuvent, de ce fait même protéger un malheureux pécheur qui se lamente dans sa prison intérieure, dans sa culpabilité tout en souffrant des atteintes d'une existence fâcheuse, de la maladie, de la misère, du deuil ou de l'adversité. Les saints, dans le Ciel avancent en :

... tenant chacun une harpe et des coupes d'or pleines de parfum, qui sont les prières des saints"

Apocalypse, V, 8.

L'intercession, comme son efficacité sont même évoquées a contrario dans la phrase suivante, venue d'un texte fondamental :

Yahweh me répondit : *Quand Moïse et Samuel se tiendraient devant moi, mon âme ne se tournerait pas vers ce peuple ; chasse-les de devant ma face et qu'ils partent !*

Jérémie, XV, 1.

Ainsi Moïse et Samuel peuvent intercéder ! Les saints peuvent donc devenir auxiliaires d'un humain qui souffre ! La preuve en est acquise : c'est toujours possible et efficace !

Sauf dans un ce cas précis, exception qui confirme la règle ! Et, dans ce cas les pécheurs en question sont trop abominables ! Dieu n'écoutera donc pas les saints qui intercèdent pour eux ! Le fait est tellement rare qu'il faut le mentionner ! Autrement, pourquoi évoquerait-on ici une possible tentative d'intercession de Moïse et Samuel, si toute intercession était impossible ?

De plus l'intercession des saints peut être aussi bien individuelle que collective ! Et l'extrait suivant montre la prière d'un saint homme pour une collectivité :

Il leur raconta en outre un songe digne de foi, une vision réelle, qui les réjouit tous. Voici ce qu'il avait vu : Le grand prêtre Onias, cet homme de bien, d'un abord modeste et de mœurs douces, distingué dans son langage et adonné dès l'enfance à toutes les pratiques de la vertu, il l'avait vu, les mains étendues, priant pour toute la nation des Juifs. Ensuite lui était apparu, de la même manière, un homme distingué par son grand âge et son air de dignité, d'un aspect admirable, et entouré de la plus imposante majesté. Onias, prenant la parole, lui avait dit : "Celui-ci est l'ami de ses frères, qui prie beaucoup pour le peuple et pour la ville sainte, Jérémie, le prophète de Dieu".

Macchabées, II, XV, 11-16.

Au début du présent ouvrage, nous avons établi un parallèle entre Rita et Job. Eh bien, c'est chez Job même que nous trouvons une belle mention de l'intercession !

"Job, mon serviteur, priera pour vous, et c'est par égard pour lui que je ne vous jugerai point selon votre folie"

Job, XLII, 8, 10.

L'exemple de l'intercession et, en l'espèce, de la prière de guérison, vient de fort loin ! Et fut pratiquée par un fondateur ! Un patriarche ! Le premier ! Va t-on nier la possibilité d'intercession lorsqu'on voit qu'Abraham lui-même intercéda, écoutant la prière d'un fidèle angoissé ? Ce serait illusion, témérité, orgueil digne d'un cœur endurci !

Abraham intercéda auprès de Dieu, et Dieu guérit Abimélech.

Genèse, XX, 17.

L'intercession est efficace et les plus sages, les plus saints y ont parfois recours ! Ainsi, saint Paul demande à ses disciples de prier pour lui dans sa Lettre aux Ephésiens (VI, 18-20) !

Si l'on tente un résumé par propositions qui se suivent logiquement !

Ne nous cachons pas la stricte vérité et prions en confiance ! Les saints, même morts depuis des siècles, sont vivants dans le Seigneur ! Et c'est un témoignage de l'ineffable grandeur du Très Haut ! Ils sont vivants auprès de Dieu, l'Unique en trois personnes et communient dans sa gloire ! Nous nous relions à eux par leur humanité même ! Celle qui fut la leur, qui est la nôtre par le principe sublime de l'unité du Corps mystique et de la communion des saints ! Aussi ces derniers sont-ils efficients autant que bienveillants, pleins de sollicitude et de compassion ! Ils parlent à Dieu, vivent avec lui, en lui par les siècles des siècles ! Ce qui fait que, si elle vient d'un cœur pur, d'un espoir légitime, la prière d'intercession est efficace.

Il ne reste plus qu'à se poser la question même de Job :

Vers lequel des saints te tourneras-tu ?

Job, V, 1.

La réponse est simple ! En effet, si tous les saints seront évidemment bienveillants, propice à qui les prie sincèrement, nous avons tous nos préférences ! De même que des personnes, dans la vie, attirent plus facilement notre sympathie que d'autres, nous pouvons choisir nos “amis” et “protecteurs” de l'au-delà ! Ceci peut provenir du fait que, dans leur existence terrestre, ces saints ont connu des épreuves qui ressemblent aux nôtres. Ou qu'il s'agisse de notre saint Patron. Ou que, pour telle ou telle raison nous admirons tel saint d'une façon particulière, en affinité élective.

Cependant, la tradition veut qu'il y ait des saints “spécialisés”. Ainsi, le grand Antoine de Padoue aide à retrouver les objets perdus tandis que saint Roch préserve des épidémies… Ce qui ne veut évidemment pas dire que si l'on prie saint Roch pour retrouver une clef égarée, il ne nous exaucera pas !

Une affection particulière pour sainte Rita est fort répandue. Et c'est pourquoi on se tourne volontiers vers elle, eu égard à sa personnalité si attachante, à sa simplicité de femme aimante et malheureuse. Nous la sentons fort proche de nous ! Aussi est-il juste et bon de la prier, de la vénérer car elle est attentive aux souffrances des hommes ! Sa compassion est infinie !

Prière en toute nécessité

Accablé sous le poids de la douleur et de l'angoisse, je viens à vous, ô glorieuse sainte Rita. On vous appelle la Sainte des causes impossibles ou désespérées. C'est pourquoi je vous supplie de me délivrer des maux et des peines qui m'accablent et de me rendre le calme et la joie. J'ai pleine confiance en votre puissante intercession auprès de Dieu.

Si mes péchés sont un obstacle à l'accomplissement de mes désirs, obtenez-moi de Dieu la miséricorde et le pardon ainsi que les grâces nécessaires afin de ne plus retomber dans le mal.

Daignez, ô Sainte très bonne et très compatissante, répondre à la confiance que j'ai en votre pouvoir et je ferai connaître partout votre bonté envers les affligés qui vous invoquent. Ô glorieuse sainte Rita, admirable épouse de Jésus crucifié, priez pour moi et venez à mon secours dans toutes mes nécessités.

Ainsi soit-il.

Prière à sainte Rita en cas de violence conjugale

Effroi

On en parle, on l'exagère parfois, on la minimise souvent. Et même, on s'en repaît, comme le fait une certaine presse de fort mauvais aloi. À vrai dire, on ne sait comment en parler: La violence conjugale effraie...

Il y a de quoi ! Comment imaginer qu'un couple, dont l'existence même est reliée à l'amour peut en arriver à ces monstruosités ? La violence occupe tout l'espace et les mots sont aussi blessants que les coups ! À la douleur physique répondent l'humiliation et le mépris. Mépris : la victime est harcelée, avilie, dénigrée autant que battue. Et les blessures du cœur guérissent souvent moins vite que celles du corps ! On est marqué, marqué pour la vie !

Cette terrible violence est-elle seulement "conjugale" ou porte-t-elle, surtout aujourd'hui, un aspect social ? Car elle s'exerce plus fréquemment au sein de la misère, dans les couples en crise de milieux défavorisés. Certes, il existe d'autres cas. Mais beaucoup moins.

Elle est principalement masculine, encore que l'on sait maintenant, grâce çà une enquête qui fait grand bruit, que les hommes représentent un quart des décès dus aux violences conjugales. Et que les "hommes battus" portent rarement plainte ! Ils semblent, de toute façon minoritaires. Ce qui n'est pas une raison pour les ignorer.

Sainte Rita, femme battue

Sainte Rita est la sainte par excellence, dans ces cas malheureux. Elle fut battue par un mari et vécut l'ambiguïté d'une relation de couple pas très bien assorti. Elle eut la force d'aider son mari à sortir d'une conduite inique... Hélas, toutes les femmes n'ont pas cette énergie ! Ni cette patience. Une femme battue ne doit pas rester isolée dans son couple. Elle doit essayer de parler de son malheur. Il existe des groupes, des associations pour cela. Elle ne doit pas hésiter non plus à déposer une main courante, voire une plainte. La peur du gendarme peut jouer, d'une part. Tandis que d'autre part, la prise de conscience de la faute, devenue délit, peut aider à ce que la situation cesse. Parfois sans aller jusqu'au procès, par la prise de conscience. Quoi qu'il en soit, chaque situation est unique, même si ces pénibles affaires semblent inlassablement répétitives. Et si la vie devient trop pénible, nul doute que sainte Rita sera à l'écoute. Il est bon de la prier en confiance : elle a connu le problème !

Prière à sainte Rita en cas de violences conjugales

Ma vie devient un supplice. Ô, Sainte Rita de Cascia, vous qui avez été battue, priez pour moi ! Ne me laissez pas dans cette situation. Chaque coup n'est pas seulement une douleur du corps, mais une atteinte cruelle à mon âme. Une terrible humiliation. L'existence devient lourde, je ne suis plus moi-même et je pleure... Le lien de l'amour se délite.

Sainte Rita, rose de Cascia, pourquoi en sommes-nous arrivés là ? Une sorte de haine dévore notre amour. Rien n'est plus comme avant, comme au temps des fiançailles, des projets, des rires et de l'espoir.

La foi est mon refuge. Aidez-moi, je vous prie. Car, en désespérance, elle risque de s'user. Ô, Sainte Rita, patronne des causes

désespérées, venez-moi en aide ! Me voici en dehors de ma raison habituelle ! Me voici dominée par la peur. Oublieuse de ce qui n'est pas ma douleur, je la rumine sans cesse. Donnez-moi la force de résister ! Éloignez ce mal de ma vie quotidienne !

L'amour veut résister au fin fond de mon cœur. Encore que, bien souvent, ma rage impuissante me domine ! Cette situation me ronge ! Tout devient sinistre ! Et je vis dans la peine, oublieuse de tout autre chose. Un jour sans joie succède à un autre jour sans joie. Regardez-moi, Vénérable sainte Rita : je ne suis plus que douleur.

Très généreuse sainte Rita, intercédez pour moi auprès de Dieu, le Père, Créateur du Ciel et de la Terre, de Dieu, le fils qui mourut sur la croix pour le salut des hommes, de Dieu, le Saint-Esprit, qui est le Souffle de la Vie. Une seule de vos prières, et je serais sauvée.

Débonnaire sainte Rita, faites que ces coups s'arrêtent, autant que les paroles aussi basses que blessantes qui les accompagnent ! Écoutez ma prière. Vraiment, rien ne me plaît plus dans cette vie de malheur. Regardez mon malheur, je crois en votre sollicitude ! Aussi, je vous le demande, rose sublime de l'Ombrie, soyez mon auxiliatrice auprès du Christ, notre Sauveur ! Il saura comprendre ma souffrance avec son infinie bienveillance. Soyez ma protectrice !

Ainsi va ma vie, mon cœur est rempli d'amertume. La dureté de chaque jour fait qu'à tout instant, il s'endurcit. L'amour n'est plus en moi, ou alors, si ténu, si fragile… Et je m'étiole. Rita, rose de Cascia, unissez vos prières à celles d'une créature de Dieu qui vit dans le malheur !

Bienveillante Rita, vous avez connu cette souffrance ! On y devient tout autre. Il n'y a plus de sens à ma vie. Résister devient au-dessus de mes forces. Écoutez ma prière.

Unique est notre Dieu, unique en trois personnes, et je veux me tourner vers Lui, car il est infiniment bon. N'est-il pas celui qui pardonne ? Certes, j'ai péché. Mais je ne crois pas que je mérite un traitement si affreux ! Ô, sainte Rita, aujourd'hui et maintenant, je ne ressens plus de clarté en moi-même. Unissez vos prières aux miennes, aidez-moi, je vous prie ! Par pitié, ne me laisse pas dans ce malheur constant.

Aux coups succède la peur des coups ! Un coup est suivi d'un autre, accompagné d'injures aussi basses que grossières. Les rares moments de calme sont fugaces et douloureux. Il faut que cela cesse ! En vérité, j'ai peur d'en mourir ! Unissez vos prières aux miennes !

Dieu est toute lumière, vénérable sainte Rita. Et je vous demande de plaider ma cause auprès de Sa Sainte Grâce. La foi est en mon cœur, c'est ma seule clarté. Il ne faut pas qu'elle s'éteigne, étouffée par la rancœur.

Regarde-moi, merveilleuse Rita, je sais que vous me comprenez ! Et je tourne vers vous mon cœur fatigué d'endurer la méchanceté de celui qui devrait être mon soutien, mon protecteur… Comment sortir de ce malheur ? Et comment retrouver un peu de joie de vivre ? Sainte Rita, aidez-moi.

Certes, j'ai péché dans ma vie, je ne suis qu'une pauvre femme, trop fragile. On doit tendre vers la stricte observance de la loi. Néanmoins, j'ai failli. Ne soyez pas trop sévère envers mon âme si faible ! Et acceptez ma prière, elle est pure et sincère. Répondez à ma demande, faites que cela cesse ! Il est temps que je puisse vivre et redevenir celle que je suis, aimant Dieu et priant avec ma foi et ma constance. Et je veux restaurer mes forces, ma joie de vivre pour servir le Seigneur en chrétienne véritable. Sainte Rita, je veux vivre en cette disposition, aidez-moi, je vous prie…

Au nom du Père, du fils et du Saint-Esprit,
Ainsi soit-il.

Autre prière des femmes battues

Pour reprendre courage, il est parfois bon de penser à l'amour. Cet amour en jeu qui devait apporter la grandeur simple d'un vrai mariage chrétien. Penser l'amour, repenser l'amour? Se repenser... Et méditer les merveilleux mots de saint Paul qui peuvent nous redonner de l'espoir.

L'amour est longanime; l'amour est serviable; il n'est pas envieux, il ne fanfaronne pas, il ne fait rien d'inconvenant, ne cherche pas son intérêt, ne s'irrite pas et ne tient pas compte du mal, il ne se réjouit pas de l'injustice mais il met toute sa joie dans la vérité, excuse tout, fait confiance en tout, espère tout.

Corinthiens. I, 13.

Mais quel est cet amour?

Terrible est la violence! Car elle met en jeu aussi celui qui la subit! Elle le force à s'interroger sur lui-même! Elle modifie sa perception des choses. C'est une expérience difficile. Et difficile, aussi, est d'y trouver quelque chose qui nous dépasse, par nous-même en nous-même. Et c'est pourtant la vérité du pardon chrétien!

L'amour? Le voici qui part, qui se délite... si vous êtes mariés et que vous ne ressentez plus d'amour pour votre partenaire, est-ce possible de changer vos sentiments? Vos désirs? Certes vous le pouvez. Mais ce qui va, hélas changer malencontreusement vos sentiments. C'est l'hostilité invraisemblable qui fait d'un mariage plein d'espoir un véritable enfer dans la clôture féroce qui réunit un bourreau, une victime et deux êtres brisés par un malheur intense!

Oui: Quel est cet amour? L'amour de la manière comprise par le monde, inclut presque toujours l'attente de recevoir quelque chose en retour. Chacun donc a déçu et s'est déçu dans l'autre. La Bible monte pourtant l'amour conjugal en plénitude! C'est un sentiment que, souvent, le monde ne comprend pas. Pourtant il s'articule autour "d'une seule chair" la plénitude du sexe dans le mariage. Mais cette sexualité va plus loin que la chair: elle participe aussi bien de l'esprit. Le Nouveau Testament l'appelle "amour agapé".

"L'amour agapé"

C'est la grandeur de l'amour: inconditionnel et irrévocable. Dieu a choisi de nous aimer en premier, avant que nous lui donnions notre amour en retour, ou avant même que nous sachions qui il était.

L'amour agapé donne sans mesurer le coût ni chercher son avantage personnel,

Jean. 3: 16.

L'amour agapé n'est pas naturel, il est surnaturel! Pourtant, il peut devenir quotidien! Chacun, dans le couple, le ressent. Mais hélas, il est parfois trop difficile à atteindre et à vivre! Dès lors chacun est déçu. et, de cette déception naît l'atroce rancœur. Avec l'injustice: on impute à l'autre ce ratage absolu. Ce qui n'empêche pas qu'on puisse aussi s'en sentir responsable, sinon coupable!

Le désamour

Beaucoup trop de couples ne parviennent même pas à admettre péniblement: "Nous ne nous aimons plus maintenant." Et plus encore pensent que c'est irréparable! Quand ils disent cela, la plupart des époux imaginent ou supposent, que le mariage doit être terminé. Ce qui exprime que le couple avait une confiance mal placée dans la vague idée mondaine de l'amour et suggère en même temps que la manière d'aimer de Dieu n'a jamais été présente. On peut croire que c'est fini. Et pourtant! Grâce à l'intercession de sainte Rita l'amour peut renaître, voire naître! Et le couple indifférent, déçu, monotone peut devenir amour vrai dans la ferveur lumineuse d'une vie à deux dans la paix du Christ. Non, le désamour n'est pas irréparable!

Certes, la Bible ne donne aucune indication que le sentiment que le monde appelle amour soit la fondation du mariage. Un mariage bâti entièrement sur cette base sera caractérisé par les sentiments fluctuants à mesure que les circonstances changent. Le résultat: émotions instables, mariage instable! Et la stabilité, parfois, se trouve dans une terrible régularité de la violence! Elle se ritualise, elle se perfectionne. Elle fait de plus en plus mal!

Mariage et émotions

Les émotions, quelles qu'elles soient ne soutiendront jamais un mariage. Et la hargne est une émotion des plus inaptes à lier les êtres dans l'harmonie! Elle peut créer un lien malsain, terrible, voire épouvantable! L'engagement est le lien; le sentiment d'amour est le résultat. Le sentiment vient à cause du fait que l'engagement persiste à travers chaque circonstance changeante. Et la violence ne peut en aucun cas amener à ce but!

Hé non: le mariage ne rend pas nécessairement les gens heureux. Mais les gens peuvent rendre leur mariage heureux en se donnant l'un à l'autre, en travaillant ensemble, en servant ensemble, et en grandissant ensemble. Ou bien ils permettent à leur mariage de se désintégrer en ne faisant pas ces choses. Aussi, en cas de violence, il ne faut tout de même pas désespérer!

Nous avons tous expérimenté des périodes où nous avons activement poursuivi le bonheur pour nous-mêmes. Nous avons trouvé qu'il semblait nous fuir, comme un chevreuil dans la forêt, aussitôt que nous pouvions presque l'atteindre. La plupart d'entre nous sait maintenant que le bonheur ne s'atteint pas en étant poursuivi. Mais la déception d'être revenu bredouille de cette chasse insensée !

Quel choix pour la victime ?

Avant tout, il faut “tenir”, résister. D'une façon chrétienne ! Il faut aimer son bourreau ! Terrible épreuve ! L'une des pires choses qu'on puisse vivre est la rancœur. Mais aussi la haine. Ce sont des tentations féroces. Elles détruisent nos esprits. Elles nous rongent, nous obsèdent. Elles salissent nos heures, empoisonnent nos journées. Et pourtant, elles s'installent si facilement en nous !

Elles sont d'autant plus délétères et débilitantes qu'elles se généralisent aisément : la femme battue par un homme sera tentée d'en vouloir à tous les hommes. Défaillance destructrice ! Attitude désastreuse ! C'est le mécanisme même du racisme, de tous les rejets ! C'est le contraire de l'amour et de la pureté de l'âme. Et cela fait souffrir d'une façon insidieuse, mais certaine !

La haine sexiste

Tous les hommes ? C'est oublier que, s'il y a des tortionnaires, il y a aussi des saints ! Et, sans aller jusque-là, des hommes dévoués au bien. Il existe des assassins ignobles. Mais aussi des hommes qui vivent simplement en tâchant de répandre le bien dans la mesure de leurs moyens comme de leurs aptitudes ! Et, à côté de la brute, dans son voisinage, on trouve de nombreux maris aimants et tendres ! Le pire n'est pas certain.

On regardera, ci-dessous, les prières de pardon. Car pardonner est une nécessité. Et pas seulement envers celui qui nous a fait du mal ! Envers nous-mêmes ! Car la rancœur et le désir de vengeance nous détruisent. Et l'on sait que le refus de pardonner peut occasionner, non seulement des troubles psychologiques ou mentaux, mais des atteintes physiques, telles que des ulcères, des problèmes cardiovasculaires, des réactions allergiques telles que des maladies de peau ! ainsi, la charité du pardon, comme toutes les charités, commence par soi-même. Et y finit aussi ! Car devenir meilleur serait une réussite personnelle. Et cela plaît au Seigneur.

De toute façon, aucune force ne peut se comparer à la foi. Et la prière l'exprime et permet de la vivre comme de l'éprouver. Certes, la situation d'une femme battue est désespérante : il semble qu'il n'y ait pas d'issue, que cela durera toujours. Aussi devient-on facilement désabusé. On survit, on vivote, malgré les coups. On se protège comme on peut. On résiste, on subsiste. Mais cela n'est pas vivre !

Aussi est-il bon de lire et de relire des paroles de consolation comme celles qui suivent :

S'il vous arrive quelque chose de triste, de pénible, d'ennuyeux, d'amer, ou bien si vous éprouvez du dégoût pour quelque bien à faire, recourez sans tarder à Jésus crucifié, suspendu à la Croix ; voyez la couronne d'épines, les clous de fer, la trace de la lance dans le côté ; contemplez les blessures des pieds, les blessures du côté, les blessures de tout le corps, vous rappelant comme Il vous a aimée, Celui qui a souffert pour vous de la sorte et a enduré pour vous de tels tourments !

Saint Bonaventure, *De Perfectione vitæ*

Ensuite, il faut prier. Évidemment, dans la détresse, on n'en trouve pas toujours la force : on se sent détruit, et c'est un effort. Prier est un acte. Et la dépression empêche d'agir. Et, si l'on prie, c'est, le plus souvent, mollement, sans vraiment vivre sa prière. On prononce un Ave, un Notre Père mécaniquement, par habitude. En même temps, on a honte de cette indifférence. Et l'on sait que ceci peut déplaire au Seigneur.

Eh bien non ! Le Seigneur sait parfaitement dans quel état on se trouve ! Il reconnaît ce mince effort de prier sans ferveur. C'est pourquoi, même sans espoir, il faut persévérer. La prière a cette puissance de renforcer petit à petit même ceux qui s'y livrent par habitude, par rituel sans chaleur, au lieu de l'expérimenter en pleine vigueur de sa foi ! Et peu à peu, la prière, d'abord distraite, se reconstruira d'elle-même ! Elle deviendra moins froide, plus vraie. Elle aidera progressivement. Elle guérira l'âme dolente parce que Dieu le veut. Alors, même si c'est, au début, machinalement, avec désabus, il est nécessaire de prier. De toute façon, cette indifférence passagère, souvent liée au dégoût de soi n'est pas constitutive de l'être, mais simplement due aux altérations psychologiques de la personne que provoquent les mauvais traitements.

Prière d'une femme battue à sainte Rita de Cascia

Écoutez-moi, Sainte Rita, rose de Cascia, écoutez-moi, vous qu'un mari cruel a battue. Ne me laissez pas dans cette profonde détresse car moi aussi, je supporte les coups, les injures, le mépris ! Car je suis mal mariée, mon mari est brutal. Unissez vos prières aux miennes pour que cela cesse ! La douleur irradie mon corps me pénètre, m'envahit. Et la rancœur veut dominer mon âme. Zélée servante du Seigneur, si je devais haïr, ce serait une nouvelle victoire de tout ce qui m'oppresse, et je ne le veux pas, car j'aime Jésus-Christ, qui est toute mansuétude !

Voyez comme je tremble, dans mon indignation impuissante ! Oui, la rage me surprend, me secoue, me subjugue, elle occupe ma pensée, je ne puis m'en défaire ! Uniquement préoccupée par ma peur quotidienne, je ne ressens plus aucun autre sentiment. Soyez mon avocate, auprès du Dieu unique, afin que je ne cède pas au désir de haïr, ce qui Lui fait horreur !

La brutalité dont je fais l'objet est toute douleur, certes, mais c'est aussi la honte et l'humiliation. Et j'ai peur... Sachez qu'en plus, une sorte de dégoût m'a envahie! Un dégoût pour moi-même autant que pour mon bourreau. Ne le laissez pas régner sur moi, car c'est un despote cruel et destructeur. Sainte Rita, vénérable rose de Cascia, restaurez ma ferveur de chrétienne.

L'amour semble m'avoir fuie, je ne suis plus la même. Et je ressens comme une grande errance en moi-même, tout au fond de mon âme, une errance implacable. Si je demeure ainsi, que deviendra ma vie?

Aussi je vous demande d'aider mon âme. Un pécheur n'a jamais demandé votre aide en vain, s'il a le cœur pur. Toute détresse vous déplaît. Retrouverai-je la paix? Et mon bourreau cessera t-il de me battre? Sainte Rita, protégez-moi!

Bienveillante sainte Rita, je souffre beaucoup trop! Ayez pitié de moi! Ne soyez pas sévère avec moi, même s'il m'arrive de pécher trop souvent! Dans ma douleur, je perds le sens. Et je deviens une sorte d'étrangère à moi-même.

Dans mon cœur, cependant, une flamme subsiste encore. Elle est vive, mais fragile. Restaurons sa brillance par nos prières communes et pour l'amour de Dieu, le Père, Créateur de tout ce qui existe, de Dieu, le fils qui s'éteignit sur la croix pour le salut des hommes, de Dieu, le Saint-Esprit, qui est le Souffle Primordial.

Il ne faut pas que je m'endurcisse, que je devienne inhumaine. Grande sainte Rita, ne serait-ce pas ressembler à celui qui me tourmente, à celui qui, jour après jour, me détruit par sa violence, par sa méchanceté?

Oui! Je veux retrouver ma chaleur, mon amour. La foi de ma jeunesse. Oui, je veux apprendre à ne pas détester. Sainte Rita, pour que ce soit possible, faites cesser cette violence par votre intercession auprès du Seigneur!

Sollicitude : Le pardon !

Pardonner ? Faire le bien avec le mal ? Comment transformer la douleur en mortification salutaire ? Comment y voir une façon d'aller vers Dieu ? Oui, Commençons par le pardon. C'est aussi une épreuve. Essayons. Dieu nous aidera, par l'intercession de sainte Rita de Cascia. Essayons de comprendre, de savoir et d'aimer !

Imaginons Rita battue par son époux. Nous devons la voir à notre place, par les yeux de l'âme ; comprendre la communauté de nos douleurs. Et comprendre aussi que Rita, comme on dit familièrement, "connaît la chanson". Ainsi comprendrons-nous que sa compassion nous est acquise. Ensuite, imaginons cet homme, ce brutal, ce violent. Sait-il seulement que ses actes odieux font horreur au Seigneur ? Le sait-il encore ? En quelle prison intérieure s'est il reclus lui-même ?

Imaginons-le tremblant au moment ultime, quand il faudra comparaître devant le Dieu de Justice, devant notre Père ! Quelle sera sa détresse ? Alors, prions pour lui, ne serait-ce qu'en souvenir des moments de naguère, des moments de tendresse, qu'on ne doit pas oublier...

Prière à sainte Rita pour la salvation d'un conjoint brutal

Vénérable sainte Rita : C'est arrivé, même dans ma douleur, j'ai peine à y croire. Et je souffre. Sait-on ce qu'on devient ? j'ai dit : Tu as changé, toi qui fus mon amour. Vraiment, je ne te reconnais plus.

Regarde-moi autrement, cesse de me battre ! Avec moi, souviens-toi de nos heures heureuses ! Il faut retrouver l'espoir de notre jeunesse ! Ma prière t'accueille, comme je t'accueille, moi. Ensemble, tournons-nous vers sainte Rita de Cascia !

Vénérable sainte Rita ! Ne me laissez pas céder à la rancœur, rose de l'Ombrie. Très humblement, j'essaie de prier pour celui qui me frappe. Ne le laissez pas persister dans cette vilenie atroce. Unissez vos prières à la mienne, éloignez ma souffrance par votre intercession auprès du Christ Roi. Libérez-moi des violences et de la peur constante !

Cet homme que je vois ne se ressemble plus. Et je m'efforce à retrouver quand même ce qu'il fut dans ce qu'il est devenu. Sainte Rita, il fut tendre, croyez-moi ! Très vénérable sainte Rita, je sais que vous me comprenez, car vous aussi, vous fûtes maltraitée comme je le suis maintenant.

Vénérable sainte Rita ! Terrible est ma détresse. Regardez-mon état ! Oui, j'ai aimé cet homme. Peut-être que je l'aime encore, je ne sais plus. Car je ne sais plus rien, je souffre trop. Ô, sainte Rita, peut-il redevenir le compagnon qu'il fut, celui que j'aimais tant, qui ne me battait pas encore ? Ne me laissez pas dans l'incertitude, j'ai trop peur, chaque jour.

Vénérable sainte Rita ! Il me semble impossible que ce soit le même homme. La brutalité l'a envahi, il faudrait le sauver. Ne peut-il s'amender par votre intercession, sainte Rita de Cascia ? Ensemble prions pour lui, pour qu'il sauve son âme…

Vénérable sainte Rita ! Franchement, j'ai du mal à vouloir son salut. Avec votre auxiliation, j'espère y parvenir. Un jour, il faudra bien qu'il rende compte à Dieu. Très sainte Rita, aidons-le à éviter le courroux du Seigneur !

Vénérable sainte Rita ! Pure est ma foi, comme mon désir ardent de devenir meilleure. Avec votre intercession après du Christ Roi, je sais, sainte Rita, que je progresserai. Soyez son avocate auprès de Dieu le Père, Créateur du Ciel et de la Terre, de Dieu, le fils qui mourut sur la croix pour le salut des hommes, de Dieu, le Saint-Esprit, qui est le Souffle de la Vie.

Vénérable sainte Rita ! L'amour s'est évanoui, place aux sentiments bas ! Il y a trop de moments où ma rage s'épanouit ! Regardez ma rancœur ! Et soyez assez bonne pour bien vouloir m'aider à la combattre !

Car ce fut mon amour, celui qui est brutal. Et je veux demeurer fidèle au don de ma jeunesse.

Vénérable sainte Rita ! Le Seigneur, dans son infinie bonté, m'aidera, j'en suis sûre. Il faut que vous plaidiez ma cause auprès de lui ! Voyez mon désarroi ! Regardez comme je peine à donner mon pardon ! Et veuillez m'aider à prier pour cet homme. Parce que peu à peu, il me devient étranger.

Ainsi vont les amours humaines. Rien en semble durer. Comment demeurer en joie d'être unis ? Écoutez ma prière, sainte Rita de Cascia !

Quel sera l'avenir, quel sera mon destin ? Un homme que la violence domine peut-il se repentir ? Il faut que cela soi, car, moi, je n'en peux plus ! La vie me pèse trop. Et je suis assaillie par la désespérance !

Sainte Rita de Cascia, il faut que je résiste à ma morosité ! Très vénérable rose de Cascia, aidez-moi, je vous prie ! Il y a certainement encore de la bonté dans cet homme irascible ! Montrez-moi sa grandeur de chrétien, car je l'ai oubliée. Bienveillante sainte Rita, je veux lui pardonner. Et qu'il s'amende afin de mériter un jour le salut éternel. Car Dieu est juste et bon, il sauvera les âmes pures. Il faut que mon courage ne défaille pas ! La rédemption est à ce prix. Et j'essaie humblement de mériter la grâce.

Ainsi soit-il.

Prière en cas de péché

Sentiments chrétiens

Le péché ! Voici le problème ! Voici l'ennemi ! Voici qui nous empêche de nous éloigner de la vile matière, voici qui contrarie notre désir de piété, voici qui nous alourdit en gênant notre envol vers la grâce divine ! Pensons que l'amitié, l'affection, l'amour, ou plus simplement la sympathie que nous éprouvons pour quelqu'un ne sont pas dénués d'écueils. Il faut assumer nos sentiments comme nos inclinations. Notre plaisir d'apprécier telle ou telle personne ne doit pas être notre seul guide. Et n'oublions pas que la compassion, la sollicitude sont des sentiments chrétiens. Et que nous les éprouvons nécessairement envers ceux qui nous sont chers.

Rigueur d'une vie chrétienne

“Aimer son prochain” ? Ce n'est pas un vain mot ! C'est la condition même de toute charité ! De tout sentiment chrétien ! Avec l'affection naît aussi la responsabilité. Un chrétien ne peut demeurer indifférent devant le malheur, la maladie, etc. C'est pourquoi il doit aussi s'inquiéter des troubles de l'âme, lorsqu'une personne proche se fourvoie au point de mal agir et de se conduire en dépit de la rigueur d'une vie chrétienne.

Notre devoir

Voilà : vous vous sentez accablé dans votre affection. Un de vos amis se perd sur le chemin du mal. La première chose à faire est, certes, de tenter de le raisonner ! Comme c'est difficile ! Et, malgré tout, il faut conserver le courage de persister… Sachons prendre patience, cette vertu austère que montra sans défaillir l'admirable sainte Rita, servante du Seigneur. On est souvent fort mal payé de ce genre d'attentions ! Ne baissons pas les bras et continuons. Tentons d'aider un pécheur à mériter son salut ! De toute évidence, c'est notre devoir.

Très grande bonté de sainte Rita

Prenons conscience de la très grande bonté de sainte Rita. Saluons sa vertu à nulle autre pareilles. Bien que nous ne soyons, certes, pas parfait, prions la du fond de notre cœur afin qu'elle aide celui qui est en danger d'impiété à sortir de l'ornière. L'intercession de sainte Rita n'a jamais manqué à qui s'adressait sincèrement à elle. Alors, prions ! Grande est la puissance de Rita de Cascia ! Unissant ses prières aux nôtres, elle saura devenir l'avocate efficace du pécheur qui nous occupe. Et voici, ci-dessous, une ancienne prière qu'il faut dire en toute conscience afin de la voir exaucée. Sachons que cette action plaira à Notre Seigneur.

Prière à sainte Rita de Cascia pour aider un pécheur qui nous est cher

(À dire chaque matin et chaque soir)

Certes, vénérable sainte Rita,
Ô Sainte des causes désespérées,
Nul, en ce monde ne doit parler pour les autres.
Ni agir à leur place !
Et je me sens bien indigne de la mission que je me donne !
Regardez-moi, douce sainte de Cascia !
Il faut que vous m'aidiez aussi à devenir meilleur.
Entendez ma prière !

Sainte Rita, priez pour ce pécheur !

Intercédez pour lui auprès du Saint Sauveur,
Soyez son avocate auprès de Notre Père,
Afin que le repentir vienne en son cœur,
Afin que ses péchés cessent et qu'il se repente,
Pour mériter de Dieu le salut et la grâce !

Mon audace, cependant se tourne vers le bien !
Ô, vous la pure, la sainte, inspirez ma piété !
Ne me laissez pas sombrer dans l'orgueil.
Comprenez que penser aux autres m'aidera peut-être à m'améliorer, comme à avancer sur le chemin de la rédemption !
Un de mes amis se fourvoie sur le chemin de déréliction !
Le laisserai-je sans le secours de ma prière ?

Sainte Rita, priez pour ce pécheur !
Intercédez pour lui auprès du Saint Sauveur,
Soyez son avocate auprès de Notre Père,
Afin que le repentir vienne en son cœur,
Afin que ses péchés cessent et qu'il se repente,
Pour mériter de Dieu le salut et la grâce !

Comme il est surprenant de vouloir aimer
comme Dieu nous aime !
Ô, Sainte Rita, parfois,
j'ai l'impression de vivre deux vies à la fois !
Une seule vie se scinde en chacun de nous, pauvres pécheurs, entre le bien et le mal ! Il faut choisir, cependant entre ces deux existences, et mener à bien le projet de rédemption : l'une de ces vies tente de m'inviter à mener en droiture chaque jour, chaque heure. L'autre est toute tentation et désir de mal faire ! Et si une aspire à la pureté, à l'innocence de l'enfance, l'autre se dirigerait vers la déchéance abominable du péché !
Sauvez-moi âme, je vous en prie, Sainte impeccable,
pour la plus grande gloire de Dieu, Notre Seigneur,
l'Unique en trois personnes.

Sainte Rita, priez pour ce pécheur!
Intercédez pour lui auprès du Saint Sauveur,
Soyez son avocate auprès de Notre Père,
Afin que le repentir vienne en son cœur,
Afin que ses péchés cessent et qu'il se repente,
Pour mériter de Dieu, le salut et la grâce!

Bienveillante sainte Rita, je ne veux pas que la personne en question persiste dans son errance! L'inadvertance qu'elle montre me remplit d'effroi! Avec votre aide, je désire qu'elle s'amende et chemine sur le chemin d'Abraham, celui de la Vérité divine!

Gloire à Dieu au plus haut des cieux!

Unissez, saine Rita vos prières aux miennes afin de sauver une personne qui vaut mieux que ses actes, que ses paroles, que ses intentions! Et comprenez ma souffrance, comme la sienne! Sachez que sa conduite me fait horreur
(Décrire ici, le plus précisément possible, les fautes et les errements de la personne en question).

Sainte Rita, priez pour ce pécheur!
Intercédez pour lui auprès du Saint Sauveur,
Soyez son avocate auprès de Notre Père,
Afin que le repentir vienne en son cœur,
Afin que ses péchés cessent et qu'il se repente,
Pour mériter de Dieu le salut et la grâce!

Faible comme je le suis, de quel droit osé-je m'inquiéter des erreurs d'autrui? Alors que moi-même, je ne respecte pas toujours la Sainte loi divine que Moïse a recueillie sur le Mont Sinaï! Rassurez-moi à propos de cette démarche et sachez qu'elle vient d'un cœur pur. Car malgré mes fautes, je suis rempli de compassion et de sollicitude.

Et j'ai peur, vraiment, pour l'âme de cette personne qui se fourvoie dans le péché, qui oublie de craindre Notre Seigneur, Jésus, le Christ Roi, qui a donné sa vie pour nous sauver du mal. Sauvez ce pécheur en priant avec moi et en intercédant pour qu'il trouve la grâce auprès de Dieu, le Père, Créateur du Ciel et de la Terre, de Dieu, le fils qui mourut sur la croix pour le salut des hommes, à Dieu, le Saint-Esprit, qui est le Souffle de la Vie.

Sainte Rita, priez pour ce pécheur !
Intercédez pour lui auprès du Saint Sauveur,
Soyez son avocate auprès de Notre Père,
Afin que le repentir vienne en son cœur,
Afin que ses péchés cessent et qu'il se repente,
Pour mériter de Dieu le salut et la grâce !

Au nom du Père, du Fils et du Saint-Esprit, ainsi soit-il.

Prières à dire après cette prière

On dira ensuite trois Notre Père. Le premier mentalement, en silence, en son for intérieur, afin que les saintes paroles soient en nous-mêmes, comme en secret, intimement liées à notre personne et à notre fois. Le deuxième sera murmuré, comme une confidence, avec tendresse et amour, comme si l'on s'adressait aussi à la personne qu'on veut aider. Le troisième à haute et intelligible voix, pour affirmer clairement notre foi et notre confiance en Dieu, l'alpha et l'oméga, l'origine et la fin de toutes choses et êtres.

Diversité

Voici maintenant une autre prière pour la même cause. La diversité des prières ne participe pas seulement de l'agrément, du style, de la beauté littéraire. La fonction de cette variété et de considérer la situation, la demande, l'état de notre âme sous différents aspects, selon plusieurs points de vue selon la tradition du Périphyséion d'Hugues de Saint Victor. Ces possibilités de contemplation, de réflexion, de cogitation, de méditation témoignent encore de la grandeur de Dieu qui nous a donné un esprit capable de vivre intensément une foi superbe. Avec la liberté, cependant, de nous fourvoyer !

Comme jadis, les Mages…

Ainsi peut-on, en voyant "autrement" la situation, la ressentir mieux. À la fois d'une façon émotive, fraternelle et d'une manière plus générale. En ce sens, chaque prière est un petit monde de la foi, donnant à voir une parcelle de la totalité d'une situation. L'acte de prier est volonté autant que contemplation ! Ce qui doit nous mener vers l'amour ! Car c'est bien l'amour, et l'amour de Dieu comme celui de notre prochain qui doit nous mener dans nos entreprises ! Nous en avons lumière ! Et notre chemin est droit : c'est vers cette clarté sublime que nous devons aller, comme jadis les Mages suivant une étoile !

Supplique à sainte Rita pour secourir une personne égarée dans le péché

Nul n'est certain de son sort ici bas !
Ô, sainte Rita, écoutez ma détresse !
Parce que je suis dans l'errance, et le mal est en moi !
Acceptez de m'aider à retrouver au fond de moi
la sainte pureté de la foi de mon enfance !
Sauvez-moi, car ma douleur est grande,
intercédez auprès de Dieu pour mon salut !

Accordez-moi votre auxiliation, soyez mon avocate ! Restaurez en moi une foi sans défaut, car je suis mal en point en mon âme meurtrie par mes tendances au mal que je ne réprime plus !

Ah ! Quelle douleur effroyable que d'être ainsi, indigne et persévérant dans les œuvres impies ! Ne me laissez pas dans cette horrible détresse ! Bienveillante sainte Rita, ne permettez plus que j'erre dans cette misère de l'âme, ne consentez pas à ce que je persiste sur la voie déplorable de la damnation !

Avec votre aide, je sais que je puis m'en sortir, à condition de le vouloir énergiquement et redevenir un chrétien véritable dont l'âme est visitée par la sainte lumière de la foi qui sauve, délivrez-moi, par votre auxiliation auprès de Dieu, le Père, qui créa le Ciel et la Terre, de Dieu, le Fils, qui souffrit sous Ponce-Pilate pour nous sauver du mal, de Dieu, le Saint-Esprit qui est le Souffle même, l'énergie de la Vie, afin que je rejoigne le troupeau du Bon Pasteur ! Nul n'est certain de son sort ici-bas ! Ne détournez pas vos yeux de ma douleur !

Demandez au Seigneur qu'il me sauve, par pitié ! Écoutez ma prière car elle vient du plus profond de moi-même, de ma foi si fragile, de ma faiblesse indigne et faite que je redevienne le féal de Jésus, le Rédempteur sublime. Dans ma détresse, je sens qu'il demeure en mon âme un peu d'espérance, et aussi le désir de m'amender, de renoncer à Satan, à ses pompes et à ses œuvres. En vérité, je sais que ma conduite est coupable, mais ma faiblesse m'empêche encore de résister au mal !

Comme j'aimerais trouver la force de résister aux tentations indignes, aux appels du lucre, de la violence, du mensonge, de la concupiscence ! Ô, sainte Rita, que je vénère, aidez-moi, pour l'amour de Dieu et aussi pour la grandeur de Sainte Marie, Vierge et mère à la fois, qui est la consolation des affligés ! Ne m'abandonnez pas ! Si Dieu le veut, je serai sauvé, grâce à la puissance de votre auxiliation, et surtout si je persiste dans mon repentir en luttant âprement contre mes mauvaises tendances !

Dieu est grand ! Et je veux revenir vers Lui, car j'ai beaucoup

péché, et que je désire plus que tout son divin Pardon! Bienveillante sainte Rita, ma foi me sauvera si je me repens, si je change ma conduite et si vous daignez m'aider, moi, le pauvre pécheur qui vous prie humblement. Il est juste et bon de vous vénérer, car vous avez su cheminer sans faiblesse sur la Voie Royale, le chemin d'Abraham! La Vérité divine éclaire le monde, pourquoi l'ai-je fuie? Écoutez ma prière, sainte Rita de Cascia, car je suis sincère et ne veux plus retomber dans l'ornière du péché! Soyez mon avocate, tandis que je m'efforcerai de devenir meilleur pour la plus grande gloire de Dieu.

Ainsi soit-il!

Acte de contrition

On terminera par un acte de contrition, ferme et décidé, prononcé à haute voix, afin de retrouver en soi la force sublime de la foi. Et si nous pensions plus attentivement à la contrition? La récitation de cet acte peut nous permettre de retracer toute notre histoire de chrétien. Il fait partie de nous! Il nous a suivis dans notre avancée en âge! De plus, il nous relie aux autres chrétiens, des millions de personnes qui l'ont prononcé comme nous! Il nous rapproche de sainte Rita qui l'a dit, elle aussi, durant toute sa vie!

Retracer l'itinéraire intime de notre foi

Oui, cette prière simple doit faire surgir nos souvenirs dévots! Souvenons-nous! Évoquons le petit garçon ou la petite fille que nous fûmes, le disant d'une voix encore mal assurée au moment de la découverte des grands mystères de la vie chrétienne! Et, plus tard, au moment de l'engagement de la communion! Souvenons-nous de nous-même, de notre émotion! Ensuite, nous l'avons dit avant notre mariage, après la confession... Nous le dirons aussi aux mariages des nôtres comme à leur fin de vie. Et lorsque viendra l'heure qui sera la dernière, nous le dirons encore ! Une prière comme celle-ci peut nous aider à retracer l'itinéraire intime de notre foi, ce qui est très salutaire ? Et qui, par une connaissance accrue de soi-même en Dieu peut nous guider, en compagnie de sainte Rita, sur la Voie Royale, le chemin d'Abraham qui nous mène à Dieu, l'Unique en trois personnes.

Mon Dieu, j'ai un très grand regret de vous avoir offensé
parce que vous êtes infiniment bon, infiniment aimable,
Et que le péché vous déplaît.
Je prends la ferme résolution,
avec le secours de votre sainte grâce
De ne plus vous offenser et de faire pénitence.

Confiance et foi ! On doit se sentir réconforté après cette prière ! Voire, en langue plus "populaire", "tout ragaillardi" ! La prière, nous l'avons dit est un acte, une action délibérée, l'effet d'une volonté. Dans le cas qui nous occupe, c'est-à-dire quand on essaie de sauver quelqu'un du grand danger d'impiété et d'actes répréhensibles et graves, il convient de se montrer ferme.

À la condition d'une disponibilité à Dieu, nous triompherons forcément ! Il faut s'attacher à chercher en soi la sincérité maximale. Et s'efforcer est de trouver en son cœur, son esprit et son âme la force paisible de l'abnégation. Essayons donc, maintenant, d'imaginer la prière de sainte Rita. Son adresse paradoxale à Dieu. Comment peut-on ainsi demander au Seigneur qu'il sauve des êtres chers en les rappelant à lui ? Mettons-nous à la place de cette mère éplorée ! Alors, avec les yeux de l'esprit, essayons de voir cette femme du passé, dans la nudité impitoyable de son malheur, dans la cruauté de la peine qu'elle ressent.

Après avoir prié la merveilleuse sainte Rita, il semble juste et bon de lire et de prononcer le Miserere. C'est un superbe acte de contrition provenant du psaume Peccavi ("J'ai péché") composé par David quand le prophète Nathan lui fit prendre conscience de la gravité de sa faute. Ce texte est puissant, fertile en questions, en enseignement ! Il nous permet de "faire le point" en tant que pécheur. Il nous place devant nos responsabilités et le dire avec une personne qu'on veut secourir ou seul ne peut que faire du bien dans le sens d'une ferveur chrétienne accrue. Et cette pratique sera complémentaire à celle des prières à sainte Rita. Parce qu'il est juste et bon d'honorer chaque jour, notre Seigneur, l'Unique en trois personnes, car il est Dieu, le Père, créateur du ciel et de la terre, car il est Dieu, le Fils, qui est notre Sauveur et mourut sur la croix en offrande sublime, car il est Dieu, le Saint-Esprit, le souffle même de la vie !

Miserere

Ayez pitié de moi, Seigneur, selon votre grande miséricorde, et effacez mon péché selon la multitude de vos compassions.

Lavez-moi de plus en plus de mon iniquité, et purifiez-moi de mon péché.

Car je reconnais mon iniquité et mon péché est toujours devant moi.

J'ai péché contre vous seul, et j'ai fait le mal en votre présence, afin que vous soyez trouvé juste dans vos paroles, et victorieux dans les jugements que l'on fera de vous.

J'ai été conçu en iniquité et ma mère m'a conçu dans le péché.

Vous aimez la vérité et vous m'avez découvert ce qu'il y a d'incertain et de caché dans votre sagesse.

Vous jetterez sur moi de l'eau avec l'hysope, et je serai purifié ; vous me laverez et je deviendrai plus blanc que la neige.

Vous me ferez entendre les paroles de joie et de consolation et mes os humiliés tressailliront d'allégresse.

Détournez votre face de mes péchés, et effacez toutes mes offenses.

Ô Dieu, créez en moi un cœur pur, et renouvelez l'esprit de fermeté dans ma volonté.

Ne me rejetez pas de devant votre face et ne retirez pas de moi votre Esprit Saint.

Rendez-moi la justice de votre salut, et fortifiez-moi par l'esprit de bonne volonté.

J'apprendrai vos voies aux méchants, et les impies se convertiront à vous.

Délivrez-moi du péché que j'ai commis, ô mon Dieu, ô Dieu, mon Sauveur ! et ma langue publiera avec joie votre justice.

Seigneur, ouvrez mes lèvres et ma bouche chantera vos louanges.

Si vous aimiez les sacrifices, je vous en offrirais ; mais les holocaustes ne vous sont pas agréables.

L'esprit affligé est le sacrifice que Dieu demande : ô Dieu, vous ne mépriserez pas un cœur contrit et humilié.

Seigneur, traitez Sion selon votre miséricorde et bâtissez les murs de Jérusalem.

Vous agréerez alors le sacrifice de justice, les offrandes et les holocaustes, et on vous offrira des victimes sur l'autel.

Prière à sainte Rita pour trouver un logement

Prendre courage

Depuis l'appel du regretté abbé Pierre, il y a plus d'un demi-siècle, nous savons que trouver un logement est de plus en plus difficile. Il suffit de lire les petites annonces pour comprendre que les prix sont inabordables pour la plupart des gens. Certains sont contraints de dormir dans leurs véhicules ! Et les sans-abri pullulent ! Nos services sociaux sont dépassés. Sachons cependant prendre courage et prions sainte Rita. Car vraiment, sainte Rita est la sainte des causes désespérées. On peut lui faire confiance. Il ne faut surtout pas perdre espoir, ce serait la ruine de toute possibilité de réussite dans ce projet difficile : La recherche d'un toit. Alors, prions et anticipons mentalement la réalisation de notre vœu, car c'est un très bon moyen de se mettre dans la disposition nécessaire pour obtenir ce qu'on désire.

Symbolique

Un toit ! C'est non seulement l'abri, mais le foyer. Le lieu d'appartenance. Le lieu de soi, de son histoire, d'un moment de la vie. Et ce lieu prend une importance énorme dans notre " vécu ". Ce n'est pas uniquement pour des raisons matérielles, ou à cause de la terrible souffrance de celui qui vit dehors, du vagabond, du cheminot, du clochard, du S.D.F. Il y a, dans le logement, la force symbolique qui est inhérente à la construction de l'être lui-même ! Et cette symbolique est fondamentale autant que fondatrice !

Efficacité spectaculaire

On s'en rend bien compte par le message du Christ, par ce que sa vie même nous enseigne ! Marie, Vierge et mère à la fois, trois fois sainte sous le signe de La Trinité sacrée, accoucha dans une modeste étable, faute d'être abritée. On doit penser à cette situation, avec l'esprit de sainte Rita, pour accueillir en sois le message divin et de nous en inspirer dans notre recherche comme dans notre vie. Nous devons louer Dieu ! Et avancer avec confiance ! Prions sainte Rita ! Voici une prière connue et qui a fait la preuve de son efficacité souvent spectaculaire !

Prière à sainte Rita pour trouver un logement

Sainte Rita, ne me laissez pas vivre sans toit
Ne me laissez pas dans cette misère !
Il n'est pas bon que je sois soumis
Aux intempéries et au mépris humain.
Avec votre charité, votre sollicitude,
Je sais que vous me serez secourable.
Louons le Seigneur.
Lui seul est Amour, pour les Siècles des Siècles,
Il est l'alpha et l'oméga.
Le commencement et la fin de toutes choses et êtres.
Sainte Rita, écoutez ma prière.
Sainte Rita, ayez pitié de moi.
Je vous aime de tout cœur.

Sainte Rita, vous avez souffert ici-bas
Vous avez connu la violence et le deuil,
Vous fûtes maltraitée d'une façon indigne,
Les douleurs humaines n'ont pas de secret pour vous,
Vous êtes la sainte des causes désespérées,
Le recours de la dernière heure !

Sainte Rita, ne me laissez pas vivre sans toit
Ne me laissez pas dans cette misère !
Il n'est pas bon que je sois soumis
Aux intempéries et au mépris humain.
Avec votre charité, votre sollicitude,
Je sais que vous me serez secourable.
Louons le Seigneur.
Lui seul est Amour, pour les Siècles des Siècles,
Il est l'alpha et l'oméga.
Le commencement et la fin de toutes choses et êtres.
Sainte Rita, écoutez ma prière.
Sainte Rita, ayez pitié de moi.
Je vous aime de tout cœur.

Sainte Rita, vous avez donné votre vie
Au service du Seigneur, le Roi de Gloire,
Soyez mon avocate auprès de Sa grandeur.
Ne me laissez pas seul dans ma grande misère.
Vous êtes la sainte des causes désespérées,
Le recours de la dernière heure !

Sainte Rita, ne me laissez pas vivre sans toit
Ne me laissez pas dans cette misère !
Il n'est pas bon que je sois soumis
Aux intempéries et au mépris humain.
Avec votre charité, votre sollicitude,
Je sais que vous me serez secourable.
Louons le Seigneur.
Lui seul est Amour, pour les Siècles des Siècles,
Il est l'alpha et l'oméga.
Le commencement et la fin de toutes choses et êtres.
Sainte Rita, écoutez ma prière.
Sainte Rita, ayez pitié de moi.
Je vous aime de tout cœur.

Sainte Rita, ayez pitié de moi.
Sainte Rita, écoutez ma prière.
Vous avez ouvert votre cœur à ceux qui souffrent et meurent.
Vous êtes la sainte des causes désespérées,
Le recours de la dernière heure !

Sainte Rita, ne me laissez pas vivre sans toit
Ne me laissez pas dans cette misère !
Il n'est pas bon que je sois soumis
Aux intempéries et au mépris humain.
Avec votre charité, votre sollicitude,
Je sais que vous me serez secourable.
Louons le Seigneur.
Lui seul est Amour, pour les Siècles des Siècles,
Il est l'alpha et l'oméga.
Le commencement et la fin de toutes choses et êtres.
Sainte Rita, écoutez ma prière.
Sainte Rita, ayez pitié de moi.
Je vous aime de tout cœur.
Sainte Rita, ayez pitié de moi.
Sainte Rita, écoutez ma prière.
Vous avez prié pour le salut des hommes
Ne me laissez pas devenir victime des frimas,
Vous êtes la sainte des causes désespérées,
Le recours de la dernière heure !

Sainte Rita, ne me laissez pas vivre sans toit
Ne me laissez pas dans cette misère !
Il n'est pas bon que je sois soumis
Aux intempéries et au mépris humain.
Avec votre charité, votre sollicitude,
Je sais que vous me serez secourable.
Louons le Seigneur.
Lui seul est Amour, pour les Siècles des Siècles,
Il est l'alpha et l'oméga.

Le commencement et la fin de toutes choses et êtres.
Sainte Rita, écoutez ma prière.
Sainte Rita, ayez pitié de moi.
Je vous aime de tout cœur.

Sainte Rita, ayez pitié de moi.
Sainte Rita, écoutez ma prière.
La demeure de Dieu sera ouverte au juste,
Donnez-moi ici-bas un abri !
Vous êtes la sainte des causes désespérées,
Le recours de la dernière heure !

Sainte Rita, ne me laissez pas vivre sans toit.
Ne me laissez pas dans cette misère !
Il n'est pas bon que je sois soumis
Aux intempéries et au mépris humain.
Avec votre charité, votre sollicitude,
Je sais que vous me serez secourable.
Louons le Seigneur.
Lui seul est Amour, pour les Siècles des Siècles,
Il est l'alpha et l'oméga.
Le commencement et la fin de toutes choses et êtres.
Sainte Rita, écoutez ma prière.
Sainte Rita, ayez pitié de moi.
Je vous aime de tout cœur !

En attendant la Demeure du Père
lorsque mon terme sera échu.
Sainte Rita, je vous en prie,
Faites que je sois abrité !
Vous êtes la sainte des causes désespérées,
Le recours de la dernière heure !

Sainte Rita, ne me laissez pas vivre sans toit
Ne me laissez pas dans cette misère !

Il n'est pas bon que je sois soumis
Aux intempéries et au mépris humain.
Avec votre charité, votre sollicitude,
Je sais que vous me serez secourable.
Louons le Seigneur.
Lui seul est Amour, pour les Siècles des Siècles,
Il est l'alpha et l'oméga.
Le commencement et la fin de toutes choses et êtres.
Sainte Rita, écoutez ma prière.
Sainte Rita, ayez pitié de moi.
Je vous aime de tout cœur.

Sainte Rita, ayez pitié de moi.
Sainte Rita, écoutez ma prière.
Ne me laissez pas en détresse austère,
Ni succomber au doute ou à la tentation.
Vous êtes la sainte des causes désespérées,
Le recours de la dernière heure !

Hommage à l'abbé Pierre

Il est juste et bon que celui qui est à la rue pense à l'abbé Pierre qui nous a quittés après une vie de charité sublime. Il faut y penser à la lumière de la grande bonté de sainte Rita : nous devons nous entourer de ces deux grandes bienveillances. Commençons par lire le message d'Adieu que nous a transmis le porte-parole du saint-Père :

"Informé du décès de l'abbé Pierre, le Saint-Père rend grâce pour son action en faveur des plus pauvres, par laquelle il a donné un témoignage de la charité qui nous vient du Christ. Il le confie à la miséricorde divine et demande au Seigneur d'accueillir dans la paix de son royaume ce prêtre qui a toute sa vie lutté contre la misère. En gage de réconfort et d'espérance, Sa Sainteté vous

envoie de grand cœur, ainsi qu'à la famille du défunt, aux membres des Communautés d'Emmaüs et à toutes les personnes réunies pour la cérémonie d'adieu la Bénédiction Apostolique".

Cardinal Tarcisio Bertone, Secrétaire d'État de Sa Sainteté

Méditer, respirer, prier...

Sainte Rita nous écoute ! Ne l'oublions jamais ! Aussi tournons nos cœurs vers sa grande sollicitude ! Il faut maintenant méditer avec espoir. Emplissons-nous d'espoir. Essayons de l'incorporer en notre être comme lorsqu'on prend une grande inspiration, quand on respire un bol d'air pur. Ouvrons nos cœurs. Laissons le souffle nous pénétrer. Respirons, lentement, calmement, gorgeons-nous d'espérance ! Comprenons qu'elle nous purifie, nous élève, nous grandit. Il n'y a rien de plus fort que l'espoir. C'est le fondement de la foi, ce qui la structure dans l'âme chrétienne. La foi est une espérance sublime. Celle du pardon divin. De la Recouvrance. De la Rédemption. Respirons. Et prions !

Prière à sainte Rita pour trouver un logement

Fidèlement, je veux vivre en chrétien véritable. Il est juste et bon de louer le Seigneur. Nous sommes ses créatures et nous lui devons tout.

Avec votre aide et votre auxiliation, vénérable sainte Rita, rose sublime de Cascia, je désire trouver un logement. La foi est en mon cœur et je sais que votre bienveillance m'aidera grandement si je fais preuve de volonté et d'humilité chrétienne.

Écoutez ma prière car elle vient d'un cœur pur. Ma foi se tourne vers vous, ô grande sainte Rita, patronne des causes désespérées. En vous priant, déjà, je me sens rasséréné, car vous êtes juste et bonne. Ne me laissez pas dans cette misère.

Très vénérable sainte Rita, je sais que j'ai péché ! Comme il est difficile de suivre la loi de Dieu quand on se trouve dans la détresse ! Aussi j'ai besoin de forces neuves pour redevenir assidu au service de Dieu. Ma misère nuit à ma foi, et je ne le veux pas...

Aidez-moi, sainte Rita, ô rose de Cascia à retrouver un logement ! Mes soucis ne prendront ainsi plus le pas sur mes devoirs chrétiens. Unique est notre Dieu et je veux chanter ses louanges ! Sainte Rita, la misère est mauvaise conseillère ! Écoutez-moi

Dieu est notre Seigneur ! Et je veux le louer humblement dans la modeste demeure que je veux habiter. Car il est juste et bon de prier Dieu, le Père, Créateur du Ciel et de la Terre, Dieu, le Fils, qui mourut sur la croix pour le salut des hommes, Dieu, le Saint-Esprit, qui est le Souffle de la Vie !

Rita de Cascia ! Ici et maintenant je prends l'engagement de mieux respecter mes devoirs de chrétien à l'avenir ! Regardez ma volonté de devenir meilleur pour la gloire du Seigneur ! Et veuillez, je vous prie, intercéder pour moi auprès de Sa grandeur sublime.

Comme il est doux à mon cœur de vous prier, sainte Rita. Et je reprends courage car vous êtes juste et bonne. Soyez mon avocate auprès du Christ Roi. Bénissez-moi, sainte Rita, et je réussirai dans ma recherche d'un logement.

Écoutez ma prière ! Toujours et partout, je veux louer le Seigneur ! Il est le Dieu Unique, l'alpha et l'oméga ! Sainte Rita de Cascia, il est notre salut. Et grâce à votre auxiliation, Il m'exau-

cera ! Sainte Rita de Cascia, il est juste et bon de vous rendre grâce car vous êtes la patronne des causes désespérées, le recours de la dernière heure.

Au nom du Père, du Fils et du Saint-Esprit,
Ainsi soit-il.

L'exercice du Gloria

Maintenant, louons le Seigneur ! Et prions sainte Rita, sa servante fidèle ! Pour terminer, nous nous éloignerons apparemment de notre propos. Il s'agit de "prendre de la distance" avec ce qui nous préoccupe, voire même qui nous obsède. L'exercice de ce Gloria aura pour effet de nous rasséréner, de nous sécuriser. Oui, n'en doutons pas, Rita veille sur nous ! Oui, n'en doutons pas, elle intercédera pour nous auprès du Très Haut ! Cette contemplation est une admiration fervente de la gloire du Seigneur et des mérites de Rita. Nous devons penser, en prononçant cette prière, que deux gloires y sont présentes, qu'elles ont le même nom, mais ne sont point de même nature. Celle de Dieu est ineffable. Celle de Rita est sacrée et provient de ses œuvres terrestres. Ce sujet de réflexion nous fortifiera et nous mettra en situation de trouver un logement : elle est comme une sorte de "vitamine" ! Il ne faut pas hésiter à imaginer la gloire ! Elle rayonne comme le soleil et nous réchauffera le cœur ! Prions :

Prière à la Gloire de Dieu et à la gloire de sainte Rita

La gloire de Dieu,
Ô, Rita, rose de Cascia,
Bâtit mon espoir et mon désir de m'améliorer
Pour Sa grande lumière.

Gloire à toi, sainte Rita, rose sublime de Cascia,
Gloire à toi car tu fus la servante de Dieu !
Gloire à toi, sainte Rita, rose sublime de Cascia,
Gloire à toi car tu es la sainte des causes désespérées !
Gloire à toi, sainte Rita, rose sublime de Cascia,
Gloire à toi car tu as connu la souffrance sur la terre !
Gloire à toi, sainte Rita, rose sublime de Cascia,
Gloire à toi car tu es le recours de la dernière heure !

La grandeur de ton exemple me rappelle que Dieu aime
Dieu aime, hors de toute considération d'origine ou de rang,
Il aime le pauvre assidu, comme le riche sincère.

Gloire à toi, sainte Rita, rose sublime de Cascia,
Gloire à toi car tu fus la servante de Dieu !
Gloire à toi, sainte Rita, rose sublime de Cascia,
Gloire à toi car tu es la sainte des causes désespérées !
Gloire à toi, sainte Rita, rose sublime de Cascia,
Gloire à toi car tu as connu la souffrance sur la terre !
Gloire à toi, sainte Rita, rose sublime de Cascia,
Gloire à toi car tu es le recours de la dernière heure !

Dieu aime celui qui aime
En amour de l'Amour,
En communion suprême
Et en fraternité.

Gloire à toi, sainte Rita, rose sublime de Cascia,
Gloire à toi car tu fus la servante de Dieu !
Gloire à toi, sainte Rita, rose sublime de Cascia,
Gloire à toi car tu es la sainte des causes désespérées !
Gloire à toi, sainte Rita, rose sublime de Cascia,
Gloire à toi car tu as connu la souffrance sur la terre !
Gloire à toi, sainte Rita, rose sublime de Cascia,
Gloire à toi car tu es le recours de la dernière heure !

En amour de l'Amour,
En disposition d'âme
Tournée vers mon prochain
Je veux aimer à ton exemple.

Gloire à toi, sainte Rita, rose sublime de Cascia,
Gloire à toi car tu fus la servante de Dieu !
Gloire à toi, sainte Rita, rose sublime de Cascia,
Gloire à toi car tu es la sainte des causes désespérées !
Gloire à toi, sainte Rita, rose sublime de Cascia,
Gloire à toi car tu as connu la souffrance sur la terre !
Gloire à toi, sainte Rita, rose sublime de Cascia,
Gloire à toi car tu es le recours de la dernière heure !

La gloire de Dieu
Est celle de ma vie :
Le chemin du Seigneur
En toute humilité !

Gloire à toi, sainte Rita, rose sublime de Cascia,
Gloire à toi car tu fus la servante de Dieu !
Gloire à toi, sainte Rita, rose sublime de Cascia,
Gloire à toi car tu es la sainte des causes désespérées !
Gloire à toi, sainte Rita, rose sublime de Cascia,
Gloire à toi car tu as connu la souffrance sur la terre !
Gloire à toi, sainte Rita, rose sublime de Cascia,
Gloire à toi car tu es le recours de la dernière heure !

Au nom du Père, du Fils et du Saint-Esprit,
Ainsi soit-il.

Prière à sainte Rita pour lutter contre la concupiscence

Soyons forts !

Bien que notre volonté puisse devenir puissante par la prière et le maintien d'une rectitude chrétienne dans la vie, nous devons reconnaître que la vie actuelle, par son commerce infâme de la pornographie, peut troubler les âmes les plus sincères. Il faut hélas comprendre que ces représentations sont un mal profond ! Tout est fait, semble-t-il, pour que nous nous fourvoyions ! Et la pression tenace nous harcèle sans cesse ! Aussi devons nous organiser notre résistance d'une façon claire, posée, efficace ! Une vie chrétienne se le doit à elle-même ! Commençons par prier ! Unissons notre voix au souvenir sublime de la grande sainte Rita !

Libérons-nous du mal !

Si l'être humain doit renforcer son âme par la prière, en tournant son esprit vers le Dieu unique, il est hélas certain que c'est bien difficile. Une tentation minime suffit parfois à se plonger dans le péché. C'est humain ! Et notre faiblesse est immense. Malgré cela, il faut espérer. Avec de bonnes résolutions, une volonté naissante, et l'aide de sainte Rita, tout est possible. Bienveillante Rita ! Il est juste et bon de la prier, car même les fautes horribles ne la rebutent pas ! Telle est la grandeur de cette sainte qui a connu la douleur, le deuil, le malheur... Elle intercédera pour nous auprès de Dieu, avec succès. Sachons que le péché de concupiscence est abominable. Allons vers Dieu sous sa protection. L'actualité nous montre, hélas, les actes répugnants de pervers innommables. On n'en est pas là, mais les désirs malsains, parfois, nous obsèdent. Pour notre salut, il faut les combattre avec une énergie sans faille. Et nous avons besoin d'aide, car la tentation est aussi forte que subtile !

Renoncer au péché n'est pas une mince affaire !

Il faut une grande abnégation : Tenir bon, ensuite, est aussi difficile ! Ainsi, notre vie nous confronte souvent aux affres de la luxure, en pensée, en actes, en intention...

Et le monde d'aujourd'hui n'arrange rien ! Sur les murs de nos villes, des publicités immorales s'étalent complaisamment ! Trop présente, la pornographie est devenue d'usage courant... Une âme pieuse souffre énormément de cette situation. Ne nous laissons pas subjuguer par ces visions obscènes !

Et prions...

Comprenons cependant que Dieu a voulu que l'homme et la femme se joignent afin de perpétuer le peuple de Dieu. On doit considérer que le désir est légitime, humain, voulu et créé par la Providence divine. Nous devons observer une modération dans les plaisirs charnels, mais ils sont nécessaires et se trouvent sanctifiés par l'union chrétienne. Notre vie doit en tenir compte pour la plus grande gloire du Seigneur. Et c'est aussi l'expression de l'amour entre époux, image terrestre de l'amour de Dieu dont il procède.

Écoutons en nos cœurs la voix de notre foi !

Tant que nous serons capables d'y faire attention, n'ayons pas peur. Un peu de respect pour nous-même peut nous éloigner du vice. Ne perdons pas espoir et prions sainte Rita. Et songeons que ces plaisirs malsains sont la ruine de l'âme ! Affermissons notre volonté par la prière assidue. Ne laissons pas notre pensée vagabonder vers des rêveries inconvenantes. Demandons à Rita, la rose de Cascia, qu'elle nous vienne en aide, lorsque ces visions deviennent trop présentes. On ne l'a jamais vue refuser de secourir un malheureux pécheur ! Une prière, une simple prière peut nous faire revenir à des pensées plus saines ! Il faut absolument sortir du cycle infernal de la complaisance obscène ! La rêverie de ce type engendre inéluctablement la délectation morose, la honte et le dédain de soi ! L'âme s'y perd et l'esprit s'y corrompt. En vérité, notre grandeur se trouve dans ce combat lui-même ! Maintenant, il est temps de prier. Et c'est une prière de gravité que nous proposons ci-dessous. Réfléchissons ! Dans notre détresse, il convient de pratiquer un vrai retour sur soi ! Et d'avancer vers la rédemption avec une forte humilité. Pour maintenir le cap d'une vertu tenace, il faut bien éprouver les mots de cette prière. Il faut être conscient du sens de ce message à sainte Rita la pure. Ne prononçons pas les stances répétées à la va-vite, car cette répétition même procède de l'efficacité de cette oraison. Elle permet, après les autres strophes, de préciser le propos, d'aller plus loin dans l'incorporation du sens de chaque vocable. Alors, prenons le temps de comprendre et d'aimer notre prière ! Une diction posée, claire, précise est de rigueur. Car, là, pas d'afféterie, de psalmodie, de murmure : il faut affronter la dureté de la réalité, la cruauté de cette situation qui nous met en grand danger de perdition. Usons de précision, de clarté : La voix résonnera en nous-mêmes et nous imprégnera de la signification profonde de notre appel à sainte Rita, la rose de Cascia !

Prière à sainte Rita pour lutter contre la concupiscence

Pour éviter les pensées abominables,
Sainte Rita, viens à mon secours.
Il n'y a guère de tourment qui me soit plus pénible
Que de tourner en rond dans mes pensées maussades.

Ne laisse pas mon âme se corrompre
Par la fange indigne des désirs impurs.
Et ramène-moi à la pureté, pour l'amour de Dieu.
Aide-moi, je t'en prie !
Deviens mon avocate vénérable sainte Rita,
Ô rose de Cascia
Auprès de Dieu, le Père, créateur du Ciel et de la Terre,
De Dieu, le fils qui mourut
Sur la croix pour le salut des hommes,
De Dieu, le Saint-Esprit,
Qui est le Souffle de la Vie.

Exauce ma prière, exauce mon espoir.
Ne me laisse pas dans l'errance du solitaire
Et dans l'incertitude qui mène aux mauvaises pensées.
Aux pratiques regrettables et malsaines de la concupiscence.
Sainte Rita, protège-moi du péché en acte ou en pensée.
Au cours de ma recherche, éloigne de moi l'erreur,
Ramène-moi dans le droit chemin
Si par quelque méprise regrettable je me fourvoie
Avec qui mon amour sera galvaudé et mon désir
Envahi par la fausseté d'âme et l'illusion.
Libère-moi, chère sainte Rita
De la concupiscence et des pensées impures.
Avec ton aide, je sais que je m'améliorerai.
Ni la détresse, ni la tristesse, ni la délectation morose,
Ne résisteront à ton intercession.
Donne-moi la générosité du cœur aimant.
Ô sainte Rita, rose de Cascia,
je t'en prie du fond du cœur,
Exauce-moi.

Bienheureuse sainte Rita,
Par ton intercession en ma faveur
Auprès du Seigneur, je deviendrai plus fort.

Sois mon avocate !
il n'y a rien au monde que la foi ne surpasse.
Je vis dans la tourmente des désirs excessifs !
L'idée de débauche me hante, vais-je un jour en sortir ?
Ta protection sera ma sauvegarde.
Et que le règne arrive du Seigneur tout-puissant.
Aide-moi, je t'en prie !
Deviens mon avocate vénérable sainte Rita,
Ô rose de Cascia
Auprès de Dieu, le Père, créateur du Ciel et de la Terre,
De Dieu, le fils qui mourut
Sur la croix pour le salut des hommes,
De Dieu, le Saint-Esprit,
Qui est le Souffle de la Vie.

Sainte Rita de Cascia,
Exauce ma prière, exauce mon espoir.
Ne me laisse pas dans l'errance du solitaire
Et dans l'incertitude qui mène aux mauvaises pensées.
Aux pratiques regrettables et malsaines de la concupiscence.
Sainte Rita, protège-moi du péché en acte ou en pensée.
Au cours de ma recherche, éloigne de moi l'erreur,
Ramène-moi dans le droit chemin
Si par quelque méprise regrettable je me fourvoie
Avec qui mon amour sera galvaudé et mon désir
Envahi par la fausseté d'âme et l'illusion.
Libère-moi, chère sainte Rita
De la concupiscence et des pensées impures.
Avec ton aide, je sais que je m'améliorerai.
Ni la détresse, ni la tristesse, ni la délectation morose,
Ne résisteront à ton intercession.
Donne-moi la générosité du cœur aimant.
Ô sainte Rita, rose de Cascia,
je t'en prie du fond du cœur,
Exauce-moi.

Que ma foi se réveille, ô sainte Rita !
Tu es la sainte des causes désespérées,
Tu es celle qui protège !
Une prière suffit pour éloigner le mal.
Et c'est pourquoi je prie ardemment ta bonté.
Aide-moi, je t'en prie !
Deviens mon avocate vénérable sainte Rita,
Ô rose de Cascia
Auprès de Dieu, le Père, créateur du Ciel et de la Terre,
De Dieu, le fils qui mourut
Sur la croix pour le salut des hommes,
De Dieu, le Saint-Esprit,
Qui est le Souffle de la Vie.

Sainte Rita de Cascia,
Exauce ma prière, exauce mon espoir.
Ne me laisse pas dans l'errance du solitaire
Et dans l'incertitude qui mène aux mauvaises pensées.
Aux pratiques regrettables et malsaines de la concupiscence.
Sainte Rita, protège-moi du péché en acte ou en pensée.
Au cours de ma recherche, éloigne de moi l'erreur,
Ramène-moi dans le droit chemin
Si par quelque méprise regrettable je me fourvoie
Avec qui mon amour sera galvaudé et mon désir
Envahi par la fausseté d'âme et l'illusion.
Libère-moi, chère sainte Rita
De la concupiscence et des pensées impures.
Avec ton aide, je sais que je m'améliorerai.
Ni la détresse, ni la tristesse,
Ni la délectation morose,
Ne résisteront à ton intercession.
Donne-moi la générosité du cœur aimant.
Ô sainte Rita, rose de Cascia,
je t'en prie du fond du cœur,
Exauce-moi.

À chaque moment, j'ai peur
Je doute : l'attirance du péché me trouble intensément.
À chaque instant je crains de perdre ma pureté,
Ma foi, mon dévouement.
Sainte Rita, comment faire pour éviter l'écueil
D'une concupiscence qui m'obsède à ce point ?
Aide-moi, je t'en prie !
Deviens mon avocate vénérable sainte Rita,
Ô rose de Cascia
Auprès de Dieu, le Père, créateur du Ciel et de la Terre,
De Dieu, le fils qui mourut
Sur la croix pour le salut des hommes,
De Dieu, le Saint-Esprit,
Qui est le Souffle de la Vie.

Sainte Rita de Cascia,
Exauce ma prière, exauce mon espoir.
Ne me laisse pas dans l'errance du solitaire
Et dans l'incertitude qui mène aux mauvaises pensées.
Aux pratiques regrettables et malsaines de la concupiscence.
Sainte Rita, protège-moi du péché en acte ou en pensée.
Au cours de ma recherche, éloigne de moi l'erreur,
Ramène-moi dans le droit chemin
Si par quelque méprise regrettable je me fourvoie
Avec qui mon amour sera galvaudé et mon désir
Envahi par la fausseté d'âme et l'illusion.
Libère-moi, chère sainte Rita
De la concupiscence et des pensées impures.
Avec ton aide, je sais que je m'améliorerai.
Ni la détresse, ni la tristesse, ni la délectation morose,
Ne résisteront à ton intercession.
Donne-moi la générosité du cœur aimant.
Ô sainte Rita, rose de Cascia,
je t'en prie du fond du cœur,
Exauce-moi.

Que ma foi se réveille, ô sainte Rita !
Tu es la sainte illustre des causes désespérées,
Tu es celle qui protège !
Et c'est pourquoi je prie ardemment ta bonté.
Aide-moi, je t'en prie !
Deviens mon avocate vénérable sainte Rita,
Ô rose de Cascia
Auprès de Dieu, le Père, créateur du Ciel et de la Terre,
De Dieu, le fils qui mourut sur la croix
Pour le salut des hommes,
De Dieu, le Saint-Esprit,
Qui est le Souffle de la Vie

Sainte Rita de Cascia,
Exauce ma prière, exauce mon espoir.
Ne me laisse pas dans l'errance du solitaire
Et dans l'incertitude qui mène aux mauvaises pensées.
Aux pratiques regrettables et malsaines de la concupiscence.
Sainte Rita, protège-moi du péché en acte ou en pensée.
Au cours de ma recherche, éloigne de moi l'erreur,
Ramène-moi dans le droit chemin
Si par quelque méprise regrettable je me fourvoie
Avec qui mon amour sera galvaudé et mon désir
Envahi par la fausseté d'âme et l'illusion.
Libère-moi, chère sainte Rita
De la concupiscence et des pensées impures.
Avec ton aide, je sais que je m'améliorerai.
Ni la détresse, ni la tristesse, ni la délectation morose,
Ne résisteront à ton intercession.
Donne-moi la générosité du cœur aimant.
Ô sainte Rita, rose de Cascia,
je t'en prie du fond du cœur,
Exauce-moi.

Ainsi soit-il.

Clarifions notre pensée

Soyons précis à propos des désirs mauvais de la concupiscence. Il nous faut d'abord prendre de la distance avec celle que nous éprouvons, avec les tensions qui nous harcèlent et nous font courir un grand risque à cause de leur aspect aimable. Il faut, bien évidemment, distinguer sain et généreux désir que Dieu a créé en nous pour l'œuvre de génération de la concupiscence malsaine. Il est un aspect de l'amour et plaît au Seigneur en union profonde et légitime. Il est source de vie et doit être respecté. Ce désir fait partie de la nature humaine. Il en participe comme les deux autres types de désir que saint Augustin a définis : D'abord, la libido sciendi, qui est le désir de savoir. C'est le propre de l'homme que de vouloir connaître le monde et ce désir est sain : il a permis la science, les découvertes, etc. Mais attention, il a aussi un aspect négatif : celui de la curiosité qui mène à l'indiscrétion, entre autres actions malséantes ! La libido dominandi, désir de dominer est aussi celui de gouverner. Elle peut produire de sages souverains comme d'abominables tyrans. pour paraphraser une expression courant, il faut en user avec modération ! Car l'ivresse du pouvoir est toujours désastreuse ! Enfin, la libido sentiendi, le désir de sensations qui comprend tout désir charnel.

Maîtriser la concupiscence

Ainsi doit-on considérer que la concupiscence fait partie de ce dernier type de désir. Elle mène à la délectation morose, plaisir maussade éprouvé à se complaire dans l'évocation d'un péché. C'est le désir humain appliqué pour lui-même, en lui-même par confusion entre le moyen et le but. Le grand saint Augustin a bien expliqué la condamnation nécessaire de la concupiscence. Car c'est un grand danger qui trouble l'âme et ouvre la porte à de grands dangers ! À ceux de la perdition, de la perte du salut, s'ajoutent de graves troubles psychologiques, sans négliger d'éventuelles affections physiques, des maladies dangereuses. Se laisser aller à la concupiscence peut mener au crime. Et la presse nous relate, hélas, tous les jours d'horribles méfaits dus à la concupiscence que l'on n'a pas maîtrisée... Saint Augustin, pour lutter contre ce regrettable excès, conseille le retrait en soi-même. Il convient, comme nous le faisons en ce moment, d'explorer son intérieur. D'abord pour connaître le danger, le comprendre, en mesurer la force. Ensuite, afin d'exclure toute possibilité de pénétration des sensations imaginaires en notre esprit.

Restriction de sens

Notons que le sens du mot concupiscence s'est restreint, depuis des siècles. Au départ, il avait moins de force et pouvait désigner des tendances saines, des désirs légitimes. Aujourd'hui, il s'applique aux choses de la sexualité dans leur aspect le plus bas, le plus louche et le plus dangereux. Pour nous préparer à la prière, voici le texte même de saint Augustin, qui nous fera réfléchir efficacement à ce problème. Lisons-le attentivement, et tâchons de le comprendre au sens propre : de le prendre "avec nous", de le prendre "en nous" :

Dès que l'homme eut transgressé la loi de Dieu, il sentit dans ses membres une autre loi qui se révoltait contre son esprit, et il comprit les suites fâcheuses de sa désobéissance quand il se vit justement en butte à la révolte de sa chair. Le serpent, du reste, pour mieux le séduire, lui avait promis que ses yeux s'ouvriraient et qu'il connaîtrait ce qu'il lui eût été plus avantageux d'ignorer toujours. C'est alors que l'homme sentit en lui-même ce qu'il avait fait, et il put distinguer le mal d'avec le bien, non pas en restant étranger au mal, mais en le subissant dans toutes ses conséquences. N'eût-ce pas été une injustice, que celui qui avait refusé d'obéir à son Dieu fut lui-même obéi par son esclave, c'est-à-dire par son corps ?

Quand il ne s'agit que des yeux, des lèvres, de la langue, des mains, des pieds, des inflexions du dos, de la tête et des reins, pourvu que le corps soit libre de toute entrave ou de toute maladie, l'homme est parfaitement maître de disposer de sa propre personne. S'agit-il au contraire des membres générateurs, il éprouve en lui-même une révolte continuelle; souvent ce qu'il voudrait il ne le fait pas, et ce qu'il ne voudrait pas il le fait.

Comment donc ne pas rougir de honte quand, pour avoir désobéi à son Dieu, il se voit dépouillé de l'empire qu'il exerçait sur ses propres membres?

Pour montrer que, par le fait de la désobéissance, la nature humaine se trouvait entièrement dépravée, quel moyen plus efficace que de jeter la révolte dans les membres qui servent à la propagation de cette nature elle-même? N'est-ce pas pour cette raison que ces membres se désignent encore sous le simple nom de membres de nature?

Quand donc nos premiers parents eurent éprouvé dans leur chair ce mouvement qui n'était honteux que parce qu'il était désobéissant; quand leur nudité les eut fait rougir, ils se couvrirent d'une ceinture de feuillage, afin de prouver que du moins ils étaient maîtres de voiler ce qu'ils n'étaient pas maîtres d'empêcher, et de rétablir la décence en cachant ce qui les faisait rougir.

Saint Augustin, Du mariage et de la concupiscence, VI, 7.

Combattre

Voici, maintenant, une autre prière contre la concupiscence. Notons qu'elle considère le problème autrement que la précédente. Il sera bon d'y penser: cette complémentarité doit devenir le sujet d'une méditation profonde. Car une vraie vie de chrétien demande une observation attentive de soi dans la perspective même de notre amour pour le Seigneur ! Et nous devons combattre, par tous les moyens possibles, tout ce qui nous en éloigne !

Prière à sainte Rita contre la concupiscence

Jésus, Notre Seigneur, aies pitié de moi !
Accorde-moi la paix de l'âme par l'intercession de sainte Rita, la rose de Cascia ! Il faut que je m'amende et que je délaisse les pensées inopportunes !
Mon âme est en danger !

Avec l'aide de sainte Rita, qui a connu d'atroces épreuves sur la terre des hommes, je désire m'amender et faire pénitence ! Il est certain que j'ai péché aux yeux du Seigneur, il est certain que mes pensées, comme mes actions n'ont pas toutes été pures !
Sainte Rita, j'ai recours à vous !

Bienheureuse Rita, n'êtes-vous pas la "sainte des causes désespérées" et n'est-il pas désespérant d'être, comme je le suis, la proie des pensées obscures, des pensées de ténèbres, des pensées attirantes de la concupiscence ?
Il est certain qu'il s'agit de vrais poisons pour l'âme !

Et je désire me défaire de ces obsessions, comme de ma tendance à aller chercher des plaisirs incongrus ! Ne me laissez pas dans l'absurdité de la tentation constante !
Aidez-moi, je vous en prie.

La vie devient pesante lorsqu'on se complaît dans le péché, dans son évocation, dans son projet, dans sa pratique. L'esprit s'attache trop aux visions séductrices. Et me voici implorant votre auxiliation, car ma volonté demeure trop faible pour que je résiste aux tentations mauvaises.

Rassérénez-moi, Vénérable Rita !

Vénérable sainte Rita, avec votre soutien, ô sainte Rita, rose de Cascia, je sais que je pourrai sortir du labyrinthe de mes mauvais instincts. On a toujours raison de s'adresser à vous quand on souffre trop ! Il faut que vous m'aidiez à sortir de l'ornière. Rita de Cascia, Sainte pleine d'amour, je le sais, votre aide me sera précieuse !

La tentation m'obsède, prenez pitié de moi.

Une telle situation me ronge et me détruit ! Tous les jours je ne pense qu'à mes turpitudes ! Et même, la nuit, je rêve à d'horribles actions, et je m'y complais même, avec une mollesse indigne de ma pauvre raison !

Sainte Rita, secourez-moi !

Quand cesserai-je de ruminer en délectation morose ? Un péché comme le mien me semble épouvantable ! Ainsi, j'ai vraiment peur que le Malin me prenne !

Ne le laissez pas faire, ô Rita de Cascia !

Donnez-moi la mesure, pour mon désir humain. Je veux redevenir un chrétien continent. Hélas, je me fourvoie continuellement dans la recherche indigne de plaisirs innommables.

Acceptez de m'aider, sainte Rita de Cascia.

Bienheureuse Rita, vous qui avez vaincu l'obsession de la chair dans l'enclos du cloître, permettez que je puisse suivre votre bon exemple ! Il faut que mon amour de Dieu, le Père, Créateur de toutes choses et êtres, de Dieu, le fils qui s'offrit en holocauste pour le salut des hommes, de Dieu, le Saint-Esprit, qui est le Souffle initial, éternel.

Très bienveillante Rita, vous êtes mon espoir.

À l'aide ! Il ne se peut pas que je demeure ainsi dans un état affreux ! Soyez mon avocate, ô Rita de Cascia, auprès du Seigneur pour que je sois sauvé ! Mon âme se détruit, mon corps devient impur !

Oubliez mes péchés, je vous prie, aidez-moi.

Non ! Tant que j'aurais l'espoir, je lutterai ! Mon âme veut se défendre conte la tentation ! Avec vous, sainte Rita, elle retrouvera sa force ! Regardez ma détresse ! Terrible est mon angoisse ! Regardez mon Malheur.

Et secourez-moi.

Au nom du Père, du Fils et du Saint-Esprit,
Ainsi soit-il.

Plénitude et complétude

Effectuons maintenant un "retour aux sources", par cette lecture de saint Thomas d'Aquin. Il s'agit d'un texte classique autant que fondamental ! Essayons de le lire avec attention ! En sachant qu'il va loin et met en cause l'être chrétien dans sa plénitude autant que dans sa complétude :

1. *La délectation est bien dans l'appétit comme en son principe prochain, mais elle est dans la raison comme en son moteur premier, suivant ce que nous avons dit plus haut des actions immanentes, qui ont pour sujet le principe même d'où elles émanent.*
2. *La raison a un acte propre portant sur son objet propre, et qui peut être illicite. Mais elle a aussi une direction à exercer sur tous les objets des facultés inférieures soumises à son gouvernement. C'est ainsi que même la délectation se rapportant aux biens sensibles relève de la raison.*

3. *La délectation est appelée "morose" non pas à cause de sa prolongation (mora), mais du fait que la raison délibérante s'y attarde (immoratur), au lieu de la repousser. Comme dit S. Augustin : "On retient et on rumine avec plaisir ce qu'on aurait dû rejeter aussitôt que l'esprit en a été frôlé."*

Saint Thomas d'Aquin, *Somme théologique I, Question 74*

L'ennemi est de taille !

Que faire lorsque des images mauvaises perturbent l'esprit du malheureux que la concupiscence obsède ? Eh bien, il convient de se défendre d'une façon acharnée : l'ennemi est de taille ! Il va falloir les remplacer par de meilleures contemplations ! Et nous voyons combien il est difficile de penser juste. En effet, les images lascives envahissent notre esprit d'une façon spontanée, qui ne nous demande aucun effort. Elles sont présentes et, quand on se laisse aller, elles prennent le pouvoir sur notre être... La contemplation est bien différente ! Elle demande qu'on s'attache aux images volontaires que nous devons former ! Il s'agit maintenant d'agir sur nous-mêmes ! La prière nous aide à nous concentrer. Et cette concentration, elle aussi est action.

Les yeux de l'âme

Prions ! Prions le plus souvent possible ! Et sachons nous concentrer sur les mystères divins ! Dès lors, nous pouvons voir, avec les yeux de l'âme, ce qui nous édifie, ce qui nous nourrit, ce qui nous fortifie. Par la puissance de la pensée, nous pouvons déplacer le problème qui nous occupe, l'obsession qui nous ronge. Ainsi pourrons-nous prendre une bonne distance avec nos problèmes en comprenant que d'autres personnes les ont connus. Qu'elles les ont résolus. Et aussi qu'on peut en sortir grâce aux prières et à la dévotion en général. Alors, avec les yeux de l'âme, nous pouvons imaginer sainte Rita au couvent des Augustines lorsqu'elle fut en proie aux regrets du siècle. En effet, malgré sa force d'âme, et son ardeur à servir Dieu, elle a subi, elle aussi, la tentation. Et l'on sait avec quelle rigueur elle s'y est opposée ! Ainsi est-elle en phase avec nous. Nous pouvons lui parler en confiance. Elle saura nous aider... Elle agira en entropie, avec sollicitude. Elle sera avec nous. Elle restaurera notre pureté si nous le voulons. Et même, si notre volonté défaille, elle la renforcera pour la plus grande gloire de Dieu.

Renouvelons notre Credo !

Oui, prions ! Renouvelons notre Credo qui affirme notre foi ! Méfions-nous : le découragement nous guette. Souvent, nous croyons que la tâche de repentir et d'amendement dépasse nos forces. Alors, méditons, dans la paix du Christ, cette phrase salutaire. Et allons vers les saints qui ont pensé, bien avant nous, et bien mieux que nous, les problèmes qui nous hantent et qui nous minent ! Ce qui nous permettra de revenir à la bonne Rita en lui offrant la force pure de notre combat ! Elle nous mènera à la victoire :

Connaissant le grand avantage qui résulte pour nous de la nécessité de la prière, dans ce but Dieu permet à nos ennemis de nous assaillir, afin que nous implorions le secours qu'il nous offre et nous promet. Mais autant il se complaît à nous voir recourir à lui dans nos périls, autant il lui déplaît de nous voir négligents à prier.

Saint Alphonse de Liguori,
Force de la prière contre les tentations

Saint Alphonse de Liguori

Il importe de comprendre pourquoi nous associons ici saint Alphonse de Liguori à la grandeur de sainte Rita. Certes, il est indubitable qu'Alphonse, dès sa jeunesse montra une pureté jointe à des qualités d'esprit exceptionnelles ! Ceux qui l'ont connu n'ont de cesse de louer son étonnante force de caractère ! Mais, bien qu'il ait été un prêtre généreux, charitable, il connut, par son talent de prêcheur, un trop grand succès ! Et le voici en voie d'être détourné de la Sainte Loi du Seigneur par la renommée. À l'âge de vingt-six ans, il commença à fréquenter le monde et même à négliger la prière ! Il s'éloigna des pratiques pieuses ! Il se mit à prendre du plaisir à voir croître sa célébrité. Voici ce qu'il écrivit, beaucoup plus tard, à la fin de sa vie :

Les Banquets, les divertissements, le théâtre, a-t-il écrit plus tard, *ce sont les plaisirs du monde, mais des plaisirs amers comme la bile et pointus comme des épines. Croyez-moi : je les ai éprouvés et j'en pleure maintenant.*

Pour l'instant, il n'y avait là aucun péché grave, mais il ne prenait pas non plus le chemin de la sainteté. Jusqu'au jour où il se trouva soudain entouré d'une lumière mystérieuse tandis qu'une voix intérieure lui disait :

Abandonne le monde et donne-toi à moi.

Alphonse prit alors la résolution solennelle d'entrer dans les ordres et en outre de se proposer comme novice aux Pères oratoriens. Il savait quelles épreuves l'attendaient. La leçon de ce grand saint nous montre un aspect de la concupiscence qu'il faut considérer à l'ombre de sa grande ferveur comme à celle de la sollicitude merveilleuse, sublime, efficace de sainte Rita de Cascia !

Une prière double pour un cœur simple

Voici une prière qu'on aime à retrouver. Elle est fort ancienne. En fait, elle se constitue de deux prières complémentaires. L'une s'adresse à sainte Rita. L'autre est un Gloria auquel on associe sainte Rita. Ainsi prie-t-on la rose de Cascia, et demandons-lui humblement de prier avec nous… Ainsi glorifie-t-on le Seigneur en compagnie d'une sainte !

Prière à sainte Rita et au Seigneur pour être délivré de l'impureté du corps et de l'esprit

Sainte Rita, l'âme est une forteresse assiégée par le mal. Avec vous, je veux résister à ce siège douloureux. Le pardon de Dieu sera à la mesure des forces que je saurai trouver en moi. Le plus difficile est que je dois combattre sur deux fronts différents.

Ô sainte Rita de Cascia, venez à mon renfort ! Parce que je dois lutter à l'intérieur de moi-même, contre mes tendances à me délecter de pensées fort impies. Et que le second front, qui m'est tout extérieur, est celui du monde, plein d'images effarantes, de tentations odieuses, au risque de se perdre.

Sainte Rita de Cascia, prononçons cette prière :
Je veux glorifier Dieu sur la terre des hommes !
C'est la base de ma vie, c'est l'œuvre de ma piété !
Je veux être docile au vouloir de Jésus.
Seigneur, je veux venir, au jour choisi par Toi,
Auprès de Ta grandeur.

Sainte Rita de Cascia, prononçons cette prière :
Seigneur, tu es le seul Dieu,
Et ta gloire existait avant que le monde fût
Et elle existera dans les siècles des siècles !

Sainte Rita de Cascia, prononçons cette prière :
Gloire à toi, Seigneur !
Ton nom est au-dessus de tous les autres noms
Et toute langue sur terre doit le dire dans la joie !

Sainte Rita de Cascia, prononçons cette prière :
Je confesse que Jésus Christ est Seigneur,
Et je veux mener sainte et droite vie
Pour la gloire de Dieu, le Père,
Créateur du Ciel et de la Terre,

Pour la gloire de Dieu, le fils
Qui mourut sur la croix pour le salut des hommes,
Pour la gloire de Dieu, le Saint-Esprit,
Qui est le Souffle de la Vie !

Ainsi, je dois comprendre mon manque de ferveur, analyser en moi quelle est cette bassesse. Non seulement parce que je pèche trop souvent, mais aussi pour éviter de pécher à l'avenir. Donc, vénérable sainte Rita, j'ai besoin de clarté spirituelle et de précision dans mon raisonnement.

Ô, sainte Rita de Cascia, j'ai besoin de votre aide afin de trouver ces saines dispositions ! Unique est notre Dieu et je veux le servir avec fidélité comme en toute conscience. Il est le commencement et la fin, l'alpha et l'oméga. La voie juste est de lui obéir. Lourdes sont pourtant mes fautes. Et je veux qu'elles cessent.

Sainte Rita de Cascia, prononçons cette prière :
Je veux glorifier Dieu sur la terre des hommes !
C'est la base de ma vie, c'est l'œuvre de ma piété !
Je veux être docile au vouloir de Jésus.
Seigneur, je veux venir, au jour choisi par Toi,
Auprès de Ta grandeur.

Sainte Rita de Cascia, prononçons cette prière :
Seigneur, tu es le seul Dieu,
Et ta gloire existait avant que le monde fût
Et elle existera dans les siècles des siècles !

Sainte Rita de Cascia, prononçons cette prière :
Gloire à toi, Seigneur !
Ton nom est au-dessus de tous les autres noms
Et toute langue sur terre doit le dire dans la joie !

Sainte Rita de Cascia, prononçons cette prière :
Je confesse que Jésus Christ est Seigneur,

Et je veux mener sainte et droite vie
Pour la gloire de Dieu, le Père,
Créateur du Ciel et de la Terre,
Pour la gloire de Dieu,, le fils
Qui mourut sur la croix pour le salut des hommes,
Pour la gloire de Dieu, le Saint-Esprit,
Qui est le Souffle de la Vie !

Priez avec moi car j'ai recours à vous. Ainsi, dans ma détresse, je vais retrouver le courage de redevenir un chrétien exact, autant que je le puis. Unique, il est unique, le Dieu que je vénère, unique en trois personnes et c'est le Tout Puissant.

Vraiment, il est juste et bon d'adorer le Seigneur. Regardez-moi, sainte Rita, j'ai besoin de votre aide. Et je sais que je pourrai, grâce à votre auxiliation, rejoindre la Voie Royale en observant dignement la Loi Divine du Seigneur.

Comme il est abrupt, le sentier du salut ! Ô, sainte Rita, je suis impressionné par la tâche à venir ! Ne suis-je pas indigne de la salvation ? Ne suis-je pas pécheur parmi les hommes ? Écoutez ma prière.

Sainte Rita de Cascia, prononçons cette prière :
Je veux glorifier Dieu sur la terre des hommes !
C'est la base de ma vie, c'est l'œuvre de ma piété !
Je veux être docile au vouloir de Jésus.
Seigneur, je veux venir, au jour choisi par Toi,
Auprès de Ta grandeur.

Sainte Rita de Cascia, prononçons cette prière :
Seigneur, tu es le seul Dieu,
Et ta gloire existait avant que le monde fût
Et elle existera dans les siècles des siècles !

Sainte Rita de Cascia, prononçons cette prière :
Gloire à toi, Seigneur !

Ton nom est au-dessus de tous les autres noms
Et toute langue sur terre doit le dire dans la joie!

Sainte Rita de Cascia, prononçons cette prière:
Je confesse que Jésus Christ est Seigneur,
Et je veux mener sainte et droite vie
Pour la gloire de Dieu, le Père,
Créateur du Ciel et de la Terre,
Pour la gloire de Dieu, le fils
Qui mourut sur la croix pour le salut des hommes,
Pour la gloire de Dieu, le Saint-Esprit,
Qui est le Souffle de la Vie!

Par la grandeur divine, je vous prie et adjure, sainte Rita de Cascia, de me venir en aide. Ayez pitié de moi car j'ai beaucoup péché. Une mauvaise fascination a envahi mon âme. Vraiment, ça me désole et je veux prier Dieu, Celui qui est Unique, et notre seul Salut. Restaurez-la vigueur de ma foi défaillante par votre auxiliation! Et faites que je m'amende pour servir le Seigneur!

Prenez soin de mon âme en demandant à Dieu qu'Il devienne indulgent envers ma pauvre personne. Ô, sainte Rita, aussi vrai que vous êtes la rose de Cascia, la fleur mystique du Christ, je désire m'amender et mériter ainsi le Pardon du Seigneur!

Unique est notre Dieu, prions-le avec joie! Faites, Ô sainte Rita, que je redécouvre la constance de ma foi. Faites, Ô sainte Rita, que je sois délivré de ma concupiscence. Et je serais ainsi remis sur la bonne voie.

Sainte Rita de Cascia, prononçons cette prière:
Je veux glorifier Dieu sur la terre des hommes!
C'est la base de ma vie, c'est l'œuvre de ma piété!
Je veux être docile au vouloir de Jésus.
Seigneur, je veux venir, au jour choisi par Toi,
Auprès de Ta grandeur.

Sainte Rita de Cascia, prononçons cette prière:
Seigneur, tu es le seul Dieu,
Et ta gloire existait avant que le monde fût
Et elle existera dans les siècles des siècles!

Sainte Rita de Cascia, prononçons cette prière:
Gloire à toi, Seigneur!
Ton nom est au-dessus de tous les autres noms
Et toute langue sur terre doit le dire dans la joie!

Sainte Rita de Cascia, prononçons cette prière:
Je confesse que Jésus Christ est Seigneur,
Et je veux mener sainte et droite vie
Pour la gloire de Dieu, le Père,
Créateur du Ciel et de la Terre,
Pour la gloire de Dieu, le fils
Qui mourut sur la croix pour le salut des hommes,
Pour la gloire de Dieu, le Saint-Esprit,
Qui est le Souffle de la Vie!

Pour l'amour du Christ, sainte Rita de Cascia, accordez-moi votre puissante auxiliation. En vous priant, je reprends déjà confiance. Toujours et partout, je veux glorifier le Dieu Unique. Ainsi qu'il est dit dans l'écriture, il est infiniment bon, infiniment aimable et le péché lui déplaît. Sans votre aide, comment pourrais-je, moi, pécheur parmi les pécheurs, pouvoir plaire au Seigneur? Sainte Rita, j'ai confiance en votre compassion. Et je prie votre grandeur de me protéger.

Sainte Rita de Cascia, prononçons cette prière:
Je veux glorifier Dieu sur la terre des hommes!
C'est la base de ma vie, c'est l'œuvre de ma piété!
Je veux être docile au vouloir de Jésus.
Seigneur, je veux venir, au jour choisi par Toi,
Auprès de Ta grandeur.

Sainte Rita de Cascia, prononçons cette prière:
Seigneur, tu es le seul Dieu,
Et ta gloire existait avant que le monde fût
Et elle existera dans les siècles des siècles!

Sainte Rita de Cascia, prononçons cette prière:
Gloire à toi, Seigneur!
Ton nom est au-dessus de tous les autres noms
Et toute langue sur terre doit le dire dans la joie!

Sainte Rita de Cascia, prononçons cette prière:
Je confesse que Jésus Christ est Seigneur,
Et je veux mener sainte et droite vie
Pour la gloire de Dieu, le Père,
Créateur du Ciel et de la Terre,
Pour la gloire de Dieu, le fils
Qui mourut sur la croix pour le salut des hommes,
Pour la gloire de Dieu, le Saint-Esprit,
Qui est le Souffle de la Vie!

Il faut que je combatte pour défendre mon âme! D'abord contre moi-même et ma propension à me délecter de rêveries immondes. Il est nécessaire, aussi, que je sache résister aux tentations puissantes du monde extérieur, à ses images perverses, à sa déréliction par les obscénités qu'il étale à foison.

Ô, sainte Rita de Cascia, vous qui avez connu la tentation charnelle, comprenez mon émoi, aidez-moi à me battre contre toutes mes tendances qui sont odieuses au Seigneur, notre Dieu ineffable, Unique et trois fois saint en sa Sainte Trinité mystique, et sublime. Éternelle.

Toute ma volonté se tourne vers ce combat, car il faut que je vainque mes penchants désastreux pour devenir digne du pardon de Dieu. Et je vous prie de m'accorder, sainte Rita, votre aide.

Sainte Rita de Cascia, prononçons cette prière :
Je veux glorifier Dieu sur la terre des hommes !
C'est la base de ma vie, c'est l'œuvre de ma piété !
Je veux être docile au vouloir de Jésus.
Seigneur, je veux venir, au jour choisi par Toi,
Auprès de Ta grandeur.

Sainte Rita de Cascia, prononçons cette prière :
Seigneur, tu es le seul Dieu,
Et ta gloire existait avant que le monde fût
Et elle existera dans les siècles des siècles !

Sainte Rita de Cascia, prononçons cette prière :
Gloire à toi, Seigneur !
Ton nom est au-dessus de tous les autres noms
Et toute langue sur terre doit le dire dans la joie !

Sainte Rita de Cascia, prononçons cette prière :
Je confesse que Jésus Christ est Seigneur,
Et je veux mener sainte et droite vie
Pour la gloire de Dieu, le Père,
Créateur du Ciel et de la Terre,
Pour la gloire de Dieu, le fils
Qui mourut sur la croix pour le salut des hommes,
Pour la gloire de Dieu, le Saint-Esprit,
Qui est le Souffle de la Vie !

Sainte Rita, l'âme est une forteresse assiégée par le mal. Avec vous, je veux résister à ce siège douloureux. Le pardon de Dieu sera à la mesure des forces que je saurai trouver en moi. Le plus difficile est que je dois combattre sur deux fronts différents.

Ô sainte Rita de Cascia, venez à mon renfort ! Parce que je dois lutter à l'intérieur de moi-même, contre mes tendances à me délecter de pensées fort impies. Et que le second front, qui m'est tout extérieur, est celui du monde, plein d'images effarantes, de tentations odieuses, au risque de se perdre.

Sainte Rita de Cascia, prononçons cette prière :
Je veux glorifier Dieu sur la terre des hommes !
C'est la base de ma vie, c'est l'œuvre de ma piété !
Je veux être docile au vouloir de Jésus.
Seigneur, je veux venir, au jour choisi par Toi,
Auprès de Ta grandeur.

Sainte Rita de Cascia, prononçons cette prière :
Seigneur, tu es le seul Dieu,
Et ta gloire existait avant que le monde fût
Et elle existera dans les siècles des siècles !

Sainte Rita de Cascia, prononçons cette prière :
Gloire à toi, Seigneur !
Ton nom est au-dessus de tous les autres noms
Et toute langue sur terre doit le dire dans la joie !

Sainte Rita de Cascia, prononçons cette prière :
Je confesse que Jésus Christ est Seigneur,
Et je veux mener sainte et droite vie
Pour la gloire de Dieu, le Père,
Créateur du Ciel et de la Terre,
Pour la gloire de Dieu, le fils
Qui mourut sur la croix pour le salut des hommes,
Pour la gloire de Dieu, le Saint-Esprit,
Qui est le Souffle de la Vie !

Au nom du Père, du Fils et du Saint-Esprit,
Ainsi soit-il.

Prières pour un mourant

La mort n'est pas une fin !

La foi induit l'espérance chrétienne. Et c'est lourd de sens. C'est même fondateur de la manière chrétienne d'envisager la mort. La mort chrétienne somme un chrétien de transformer sa propre mort en en faisant un don. Ceci, à l'exemple du Christ. Mais mourir chrétiennement, pour celui qui voit venir la mort, fait s'abandonner à la miséricorde de Dieu. Il faut être en état d'accueillir la grâce. En sachant que la mort n'est pas une fin : ce qu'exprime fort clairement la liturgie dans la Préface des Défunts.

Pour tous ceux qui croient en toi, Seigneur, la vie n'est pas détruite, elle est transformée ; et lorsque prend fin leur séjour sur la terre, ils ont déjà une demeure éternelle dans les cieux

Et c'est bien pour cela que la prière nous encourage à nous préparer pour l'heure de notre mort :

Sainte Marie, mère de Dieu, priez pour nous, pauvres pécheurs, maintenant et à l'heure de notre mort.

Ce qui se joue, là, devant nous, est notre destin commun : la mort d'un être cher doit nous y faire penser. C'est une terrible épreuve ! Pour celui qui s'en va, car s'il en a conscience, c'est l'heure de l'effroi, de la crainte de Dieu. Pour les autres à cause de la peine, quand il s'agit d'un être cher, mais aussi par identification.

Salut et guérison

Pour le mourant, comme pour ses proches, la demande s'articule en au moins deux questions : *De quelle manière affronter spirituellement l'épreuve de la mort ? Dans quelle mesure peut-on considérer le salut comme une guérison ?* Ces questions fondamentales n'ont pas de réponse universelle. Et c'est justement propre à la condition de chrétien, à la volonté de vivre chrétiennement que d'y trouver ses réponses personnelles ou ses modes de vie selon sa consciences en observant la loi divine.

Vers le repentir

Sainte Rita a été confrontée au deuil. À la mort des ses proches. Aussi sera-t-elle particulièrement attentive aux angoisses qu'on voudra bien lui confier. Elle saura entendre, comprendre. Et son auxiliation n'en sera que plus précieuse. De ce fait, nous pouvons tenter, par l'intermission de sainte Rita d'obtenir l'indulgence du Seigneur. Nous pouvons ainsi contribuer à faire que le mourant éprouve un repentir sincère. Et que la profondeur de sa contrition plaira à Dieu. Et même que sa sincérité fasse que le Seigneur ne juge pas sévèrement les fautes qu'il a commises.

Sérénité

Il fallait à la gravité de la mort des mots simples mais solennels. La parole humaine, en cette circonstance, devient un recours. Elle délivre en prenant place dans l'attente cruciale. Elle est la présence exprimée des âmes en communion. La prière qui suit incite à une méditation à propos de la mort. C'est une prière ancienne traduite du latin médiéval. Elle est grave et sereine.

Prière à sainte Rita pour un mourant

Certes, vénérée sainte Rita, tout à une fin ici-bas car Dieu l'a voulu, et nous sommes les humbles sujets de Sa glorieuse royauté ! Recueillons-nous, à l'approche de la mort et pensons à nos fautes ! Ouvrons nos cœurs et purifions nos âmes.

Il est juste et bon de louer le Seigneur, surtout au moment où quelqu'un va le rejoindre. Resplendissante sainte Rita, prions pour que celui qui part ait mérité le Pardon que Jésus a promis aux hommes de bonne volonté !

Écoutez ma prière : elle sort du fond de mon cœur. Ne détournez pas les yeux de ma requête ! Donnez-moi l'espoir que, par votre puissante intercession vous plaiderez auprès de Dieu, le Père, qui créa le Ciel et la Terre, de Dieu, le Fils, qui souffrit sous Ponce-Pilate pour nous sauver du mal, de Dieu, le Saint-Esprit qui est le Souffle même, l'énergie de la Vie, pour ce voyageur qui ne reviendra plus jamais. Donnez-lui votre appui, soyez son avocate !

Il est juste et bon de vous rendre grâce, merveilleuse sainte Rita, car vous fûtes un modèle de piété sur la terre ! Et que l'amour que vous avez répandu rayonne par les siècles des siècles ! Une telle grandeur me subjugue et me donne confiance. En vous priant, je sais que je m'adresse à la bonne personne ! Sauvez l'âme de ce mourant si vous le pouvez, afin qu'il chante éternellement les louanges du Très-Haut.

Très aimable sainte Rita, nul ne sait ni le jour, ni l'heure. Mais faites aussi qu'au moment de ma propre mort, je mérite votre appui ! Unissons nos prières pour que cette agonie se termine dans le séjour radieux des justes et des saints, des vierges et des martyres, des sages et des doctes ! Ne laissez pas ce malheureux sans espoir. Comprenez sa détresse autant que sa souffrance, son désarroi comme son émoi !

Regardez notre misère de pauvres pécheurs ! Il y a, au fond de nous, un peu de belle lumière ! Même chez le pire d'entre tous, il peut se trouver du repentir sincère ! Et si vous le pouvez, éclairez ce mourant en ses derniers instants, inspirez-lui le repentir, la contrition sincère pour qu'il mérite la grâce de la vie éternelle dans la Lumière de Dieu.

Comment dire ma confiance et mon admiration ? Ô, vénérable sainte Rita de Cascia, sachez que ma vénération à votre égard est sans faiblesse ! Ne doutez pas de la pureté de mon cœur ! Très douce et charitable sainte Rita aidez celui qui part en ce jour si terrible ! Rassérénez son âme qui doute et qui s'effraie ! Et prions Dieu pour qu'il répande sa grande miséricorde !

Libérez-nous du mal en intercédant auprès de Dieu le Père, Créateur du Ciel et la Terre, de Dieu, le Fils, qui endura d'effroyables tourments pour nous sauver du mal, de Dieu, le Saint-Esprit qui est le Souffle de la Vie. Hier comme demain, aujourd'hui comme en tous temps, nous devons honorer votre sainte mémoire, car vous fûtes l'exemple de la piété sublime ! Orientons nos cœurs vers votre immense bonté. Mon âme est pétrie d'espérance ! Ma foi se renforce en vous priant. Et je sais que vous aiderez le mourant que voici, pour la plus grande gloire de Dieu.

Ainsi soit-il.

Prendre conscience

Il convient de bien prendre conscience que la mort est passage vers Dieu, à la suite du Christ. La Bible l'affirme avec force

… toute chair se prosternera devant ta face et devant la face de l'Agneau.

L'âme, plongée dans la tendresse de Jésus va découvrir en pleine lumière la vanité de tout ce qui n'est pas l'amour aux yeux de Dieu. Sa vie entière s'en trouve comme éclairée et le moindre péché, la moindre note d'égoïsme qui lui revient à la mémoire, prend à ses yeux toute l'horreur qu'elle aurait dû avoir depuis toujours.

Tout commence aujourd'hui

Maintenant, nous avons pu intérioriser notre présence devant la mort. L'instant de vérité approche. Il faut penser au Christ, à son sublime sacrifice. Nous devons absolument nous éloigner d'une pensée désespérée. Ce n'est pas le temps de la " déprime ", mais celui de l'énergie chrétienne, du sens même de la vie, qui apparaît, pour ceux qui sauront voir clair, dans sa lumineuse grandeur. C'est dans la mort même que l'on doit puiser l'espoir. Même si la peine nous tenaille. Avoir vécu n'est qu'un leurre : tout commence aujourd'hui !

Clarté intérieure

Le sens de la mort nous échappe ; Dieu l'a voulu ainsi. Il n'est donc pas nécessaire de vouloir comprendre. Cela ne serait ni utile ni profitable. Ce n'est pas non plus un prétexte pour évoquer une quelconque fatalité : si Dieu le veut, tout peut arriver. Mais l'intercession de sainte Rita est puissante ! Avançons vers la lumière ! Après avoir réaffirmé notre foi, nous pouvons dire, avec une grande clarté intérieure, cette autre prière :

Oraison pour un mourant

Maintenant, l'heure approche, il n'est plus temps de rien. Ainsi va toute chair, ainsi passent les hommes. Regardons avec courage l'inéluctable, le fatal, le funeste.

Très vénérable Rita, tout sera bientôt consommé. Il faut qu'en nos âmes, la puissance de Dieu resplendisse. Nous avons besoin de votre auxiliation. En ce jour chacun prend conscience de sa fragilité.

Encore quelques instants, encore un peu de souffle... Sachons voir que la vie s'éteint. Tout n'est que provisoire et pourtant, durant la vie de tous les jours, tandis que passent les saisons, nous l'oublions. Un moment comme aujourd'hui est propre au recueillement.

Nos vies passent sous le regard de Dieu. Et Lui seul connaît toute fin. Ses desseins sont impénétrables. Seigneur Jésus, prenez pitié de nous ! Accordez-nous votre miséricorde par l'intercession de la très sainte Rita, votre servante.

Le moment de mourir terrifie le mourant. On a peur car jamais on n'est sûr de soi-même. Peut-on se targuer d'avoir toujours obéi aux lois divines ? En cet instant, cette question devient primordiale !

Nous devons prendre conscience de nos faiblesses, de notre indignité. Il en est encore temps, il n'est jamais trop tard ! Dieu, dans son infinie bonté a voulu nous laisser le délai du repentir jusqu'au moment final, jusqu'à la seconde même de l'extinction du souffle.

Il faut que je regarde mon frère en son départ. Et que je sache en moi, au fond de moi qu'il me ressemble. Unique est chaque personne, mais tous sont à l'image du Seigneur. Nous devrions, en ce sens, montrer plus de sagesse. Il faudrait que nous nous éloignions tous les jours du péché. Mourir, ensuite, dans l'allégresse d'une vie bien remplie d'œuvres de charité.

Ainsi devrions-nous vivre. Il est pénible de constater combien nous sommes faibles. Très sainte Rita, regardez celui qui part! Resplendissante sainte, accordez-lui votre aide et votre intercession afin que le Seigneur lui devienne favorable. Et qu'Il répande Sa sublime indulgence.

Que ce mourant parte dans la joie du Seigneur! Un adieu en ce sens n'est qu'un au revoir. Et je regarde cette mort en pensant à la mienne. La foi peut me sauver. La charité aussi.

Écoutez-moi, sainte Rita! Cette personne perd le souffle! Ô, sainte Rita de Cascia, si vous pouvez l'aider en cette épreuve, je vous en prie, faites-le! Ne détournez point vos yeux de sa souffrance. Ne le laissez pas sombrer dans l'incertitude. En vérité, il est juste et bon de vous prier, car vous êtes le modèle de la foi sans défaut.

Regardez celui qui part pour son dernier voyage. Il n'est déjà plus là. Et je vous prie de l'aider, pour l'amour de Dieu et pour Sa plus grande gloire par des siècles des siècles.

Ainsi soit-il.

Le chrétien doit se préparer à la mort. D'autant plus que notre monde moderne adopte une attitude faussement indifférente face à la mort. Il régit toutefois ce qui est “convenable” face à la mort. Ce qu'on doit faire quand elle arrive, l'attitude conforme qu'on doit adopter. L'opinion, n'acceptant pas la mort, la dissimule, mais avec une ruse remarquable, en feignant de la reconnaître sous le masque de l'indéfini ! Mais rien ne peut occulter, cette réalité qui fait que tout ce qui naît doit aussi mourir. La mort d'un proche doit nous rapprocher de l'idée de la mort, pour nous-même comme pour l'agonisant. Ainsi ce passage inquiétant devient-il communion, union des cœurs chrétiens dans le sublime amour de Dieu. Adorons le Seigneur, lui seul est juste et bon ! Cette troisième prière permettra de préciser encore le sens de notre approche du moment de l'épreuve ! On peut l'utiliser en alternance avec les précédentes pour une neuvaine... Ou les dire tour à tour, le matin, le midi et le soir. La foi est notre seul juge pour la façon de procéder.

Oraison à l'article de la mort

Le jour ne luira plus pour tes yeux, mon frère, mon très cher frère en Jésus. Et je veille sur toi en ce jour d'épreuve. Comme tu veillerais sur moi en la même circonstance.

Tu as vécu les travaux et les jours. Et tu as connu les joies et les peines. Un jour de peine suit un jour de joie, et la vie va sous le regard de Dieu.

Rita, la grande sainte, celle qui intervient pour les causes les plus désespérées est avec nous. Tendre et bienveillante, elle saura t'aider, plaider ta cause devant l'ultime tribunal. Une aide comme la sienne te garantit d'être secouru avec amour, avec exactitude.

Dirige ton cœur vers elle, au-delà de ton effroi ! Et prie-la pour le salut de ton âme. Vraiment, il est juste et bon d'honorer sainte Rita, exemple de probité, d'amour et de foi ! Regarde sa grandeur, en ta nuit naissante, et prie avec moi !

Admirable sainte Rita, soyez avec moi pour réconforter ce mourant ! Il va partir à jamais ! Sachez que je le pleure déjà ! Ayez pitié de nous, de nos peines profondes...

Voici l'heure. Il n'en sera plus d'autre pour toi, mon frère. Où seras-tu demain ? Il faut te repentir afin de devenir digne d'aller aux vignes du Seigneur ! Regarde encore ce jour, et tâche d'aller en paix ! Hier comme aujourd'hui n'auront bientôt plus d'importance à tes yeux éteints.

Ô, sainte Rita, aidez mon frère ! Ne le laissez pas seul en ce moment obscur. Tout sera bientôt consommé. Écoutez la prière d'une voix qui s'éteint ! Dieu l'écoutera par votre auxiliation. Et si vous plaidez sa cause, Il sera indulgent.

Le moment arrive. Il est temps. Résistons au désespoir. Écoutons les paroles divines. Comprenons que tout est fragile ici-bas. Et prions le Seigneur !

Sainte Rita, aidez mon frère à mourir ! Consolez-le, consolez-moi ! Aidez-nous à supporter cette épreuve ! Renforcez notre foi, notre confiance en Dieu en ce moment de grande inquiétude.

Allons vers Dieu par nos prières, notre pureté, nos œuvres ! Bénissons le Seigneur pour ce qu'il nous a donné. Il est le début et la fin de toutes choses et êtres ! Tout vient de sa Parole ! Ô, sainte Rita, aidez-nous à le ressentir, à l'éprouver profondément, pour la salvation de nos âmes.

Unique est notre Seigneur ! Il a donné son Fils, Jésus, le Christ Roi pour notre salut ! L'espoir est dans nos cœurs. Le Rédempteur nous sauvera. Et toi, mon frère, en ce voyage, tu arriveras à bon port si ton repentir est profond. Sainte Rita, nous savons que nous ne vous avons pas priée en vain !

Ainsi soit-il.

Les litanies de sainte Rita

Voici les célèbres litanies de sainte Rita. Dites, récitées, murmurées depuis des siècles, elles ont acquis une sorte de “charge”, de puissance profonde qui éclaire intérieurement le fidèle. Ce texte est la traduction du texte latin employé à Cascia.

Rappelons ici que le mot litanie vient du latin, lequel l’a emprunté au grec. S’il fut employé dès le début de la chrétienté en grec et en latin, il n’apparaît dans la langue française que vers l’an de grâce 1200, dans un récit de croisade.

Les litanies sont des prières d'une longue suite d'invocations à Dieu, à Jésus-Christ, à la Vierge, aux saints, dites par le célébrant, ses assistants ou les chantres et suivies d'une formule récitée ou chantée par l'assemblée. Mais on peut, aussi les dire seul. Particulièrement lorsqu’on se trouve dans la détresse.

En français, le mot litanies s’emploie toujours au pluriel. Cela peut venir du fait qu’il ne s’agit pas tout à fait d’une seule prière. Que la répétition est l’usage. Et qu’on s’adresse aussi au Christ.

Cette longue série d'invocations énumère les qualités exceptionnelles de sainte Rita, de la Vierge Marie. Leur nature répétitive renforcée par les formules “*Priez pour nous, écoutez-nous*”, etc., par leur valeur incantatoire, modifient l’état sensoriel et psychologique du fidèle, de l’orant, en lui donnant une disponibilité accrue par le sommeil des sens. Chez les saints les plus contemplatifs, les litanies peuvent même mener à l’extase.

Les litanies sont des prières particulièrement profondes qui nourrissent la foi et que l'on "s'incorpore". Leur récitation permet d'ouvrir un "espace intérieur" propice à la méditation. Aussi doit-on, tout en les récitant, accéder lentement à une concentration optimale afin de se pénétrer du sens des mots, de se placer intérieurement à distance afin de les découvrir comme si on ne les avait jamais prononcés, entendus ou lus.

Ainsi, les litanies nous font vivre notre intériorité, notre personnalité de chrétien. En nous rapprochant de nous-mêmes, elles nous rapprochent de Dieu et nous font prendre conscience de notre être au monde, de notre présence. De la pureté de notre foi. Ainsi nous renforcent-elles et affermissent-elles notre foi.

En même temps, lorsque nous sommes troublés, inquiets ou que les malheurs nous assaillent, les litanies sont un excellent exercice spirituel pour nous rasséréner, nous donner de la force, "recharger nos batteries". Elles sont productrices d'une énergie intérieure qui peut se révéler fort utile en cas d'épreuves apparemment insurmontables.

C'est une fonction particulière de la prière que les neurologues ont pu constater avec l'imagerie moderne du cerveau. L'état de prière et, en particulier, celui procuré par les litanies stimule la production des ondes alpha, lesquelles ont un effet puissant pour qui veut acquérir la sérénité. C'est encore une démonstration de la bonté infinie du Seigneur qui a voulu qu'il en soit ainsi.

Sursum corda!

Litanies de sainte Rita

(Traduction du texte latin employé à Cascia)

Seigneur, ayez pitié de nous,
Christ, ayez pitié de nous,
Seigneur, ayez pitié de nous,
Christ, écoutez-nous,
Christ, exaucez-nous,

Père céleste, qui êtes Dieu, ayez pitié de nous,
Fils Rédempteur du monde, qui êtes Dieu, ayez pitié de nous,
Esprit Saint, qui êtes Dieu, ayez pitié de nous,
Trinité Sainte, qui êtes un seul Dieu, ayez pitié de nous,
Marie Immaculée, Mère de Dieu, priez pour nous,
Marie, Reine et réconfort des affligés, priez pour nous,
Marie, Reine de tous les Saints, priez pour nous,
Marie, protectrice aimante de sainte Rita, priez pour nous,
Sainte Rita, notre avocate toute puissante, priez pour nous,
Sainte Rita, don choisi du ciel, priez pour nous,
Sainte Rita, prédestinée à la gloire, priez pour nous,
Sainte Rita, admirable dès l'enfance, priez pour nous,
Sainte Rita, désireuse de la solitude, priez pour nous,
Sainte Rita, modèle de pureté, priez pour nous,
Sainte Rita, exemple d'amabilité, priez pour nous,
Sainte Rita, miroir d'obéissance, priez pour nous,
Sainte Rita, modèle des épouses et des mères, priez pour nous,
Sainte Rita, invincible dans la patience, priez pour nous,
Sainte Rita, admirable d'énergie, priez pour nous,
Sainte Rita, héroïne dans le sacrifice, priez pour nous,
Sainte Rita, généreuse dans le pardon, priez pour nous,
Sainte Rita, martyre de pénitence, priez pour nous,
Sainte Rita, veuve très sainte, priez pour nous,
Sainte Rita, magnifique pour les pauvres, priez pour nous,
Sainte Rita, prompte à suivre la sainte vocation, priez pour nous,
Sainte Rita, miraculeusement appelée au cloître, priez pour nous,

Sainte Rita, modèle de vie religieuse, priez pour nous,
Sainte Rita, miracle de mortification, priez pour nous,
Sainte Rita, vase de myrrhe odorante, priez pour nous,
Sainte Rita, jardin choisi de toutes les vertus, priez pour nous,
Sainte Rita, pleine d'amour pour le Crucifié, priez pour nous,
Sainte Rita, transpercée par une épine de Jésus, priez pour nous,
Sainte Rita, fille aimante de Marie, priez pour nous,
Sainte Rita, languissante d'amour divin, priez pour nous,
Sainte Rita, reçue avec joie au Ciel, priez pour nous,
Sainte Rita, parée de gloire sublime, priez pour nous,
Sainte Rita, marguerite du Paradis, priez pour nous,
Sainte Rita, gloire de l'Ordre Augustinien, priez pour nous,
Sainte Rita, pierre précieuse de l'Ombrie, priez pour nous,
Sainte Rita, riche d'une extraordinaire puissance, priez pour nous,
Sainte Rita, astre bienfaisant des égarés, priez pour nous,
Sainte Rita, sûr réconfort des éprouvés, priez pour nous,
Sainte Rita, ancre de salut, priez pour nous,
Sainte Rita, protectrice des malades, priez pour nous,
Sainte Rita, secours dans les dangers, priez pour nous,
Sainte Rita, Sainte des impossibles, priez pour nous,
Sainte Rita, avocate des cas désespérés, priez pour nous,
Sainte Rita, secours pour tous, priez pour nous,
Sainte Rita, merveille du monde, priez pour nous.

Agneau de Dieu qui effacez les péchés du monde,
pardonnez-nous, Seigneur,
Agneau de Dieu qui effacez les péchés du monde,
exaucez-nous, Seigneur,
Agneau de Dieu qui effacez les péchés du monde,
ayez pitié de nous, Seigneur,

Seigneur, écoutez-nous,
Seigneur, exaucez-nous.

Prière de remerciement

Toute bonté

Remercions sainte Rita pour son écoute, sa patience ! Et pour ses bienfaits ! Car elle est pure et compatissante, elle est la consolatrice des affligés, la Patronne des causes désespérées. Et que nul n'a fait appel à son aide en vain ! Rendons grâce à sa compassion, à sa sollicitude infinie, à son exemple sublime. À sa ténacité dans le malheur qui doit inspirer la nôtre ! Vraiment il est juste et bon de vénérer sainte Rita de Cascia, qui est recouvrance et toute bonté ! Prions !

Prière de reconnaissance pour rendre grâce à sainte Rita de Cascia

C'est le cœur profondément ému et troublé qu'aujourd'hui je viens à Vous, ô glorieuse et puissante sainte Rita.

À l'heure du danger, au moment où mon bonheur et celui de ceux qui me sont chers était menacé, je Vous ai imploré, l'âme affligée et remplie d'appréhension... Je Vous ai suppliée, Vous que tous appellent la Sainte de l'impossible, l'Avocate des cas désespérés, le Refuge de la dernière heure !.... Ma confiance en Vous ne fut pas déçue.

Je retourne à vous maintenant, non plus les larmes de la souffrance aux yeux, mais la joie et la sérénité au cœur, Vous offrir ma reconnaissance infinie.

Cette joie, cette sérénité, c'est à Vous que je la dois, chère Sainte, à Vous qui êtes intervenue en ma faveur auprès de Dieu, malgré mon indignité, et m'avez obtenu la grâce que je désirais.

Je voudrais mieux Vous exprimer le profond sentiment de reconnaissance dont mon cœur est rempli, ô Sainte Thaumaturge, ô consolatrice des affligés, mais le trouble même provoqué par le bonheur d'avoir obtenu cette grâce paralyse mes expressions, et je ne sais plus que murmurer: Merci... merci... merci... sainte Rita !....

Alors, pour Vous démontrer d'une façon plus réelle ma reconnaissance infinie, je Vous promets de diffuser avec un zèle de plus en plus grand la connaissance de votre culte, de Vous faire aimer par ceux qui Vous ignorent encore, et n'ont pas comme moi le bonheur d'avoir expérimenté votre bienfaisance infinie.

Je Vous promets d'aider, autant que mes possibilités me le permettent, à l'entretien de votre culte, et d'assister autant que possible aux offices célébrés en votre honneur.

Pour me rendre toujours plus digne de l'aide du Ciel et de votre sainte protection, je prends la résolution, à partir d'aujourd'hui, d'accomplir avec une plus grande conscience et ferveur mes devoirs chrétiens.

Ô chère sainte Rita, je Vous confie le soin de présenter à Dieu ces sincères résolutions, et de le remercier pour moi de la grâce généreusement accordée.

Veuillez enfin ne jamais m'abandonner, et continuez à me garder votre sainte et active protection afin qu'après en avoir profité sur cette terre, je puisse un jour Vous retrouver au Ciel et Vous dire mieux toute ma reconnaissance.

Gloire à Dieu au plus haut des cieux.

Ainsi soit-il.

Oraison liturgique

Une prière traditionnelle

Voici une prière traditionnelle qui fait partie de l'Office de sainte Rita de Cascia. Le texte en a été fixé d'après de nombreuses variantes. Le voici, tel qu'on le trouve dans le livre de : Mgr Léon Cristiani, Sainte Rita de Cascia, Apostolat de la Presse, Société Saint-Paul, Paris, 1956.

Prions : ***"Ô Dieu, qui avez daigné conférer à Sainte Rita une si grande grâce qu'elle ait aimé ses ennemis, et porté dans son cœur et à son front les signes de votre charité et de votre passion; accordez-nous, nous vous en prions, par son intercession et ses mérites, d'épargner comme elle nos ennemis et de contempler les douleurs de votre Passion; en sorte que nous obtenions les récompenses promises aux doux et aux affligés, vous qui vivez et régnez, avec Dieu le Père, dans l'unité du Saint-Esprit, dans les siècles des siècles. Ainsi soit-il ! "***

Neuvaine à Sainte Rita (1re version)

Réciter pendant 9 jours les prières suivantes :

1er, 4e et 7e jour :

Très compatissante sainte Rita, avocate des causes urgentes, considère avec bienveillance les prières d'un cœur angoissé et veuille m'obtenir la grâce dont j'ai tant besoin.

Notre Père, Je vous salue Marie, Gloire au Père.

2e, 5e et 8e jour :

Très compatissante sainte Rita, avocate des causes désespérées, sûr de la puissance de ton intercession, j'ai recours à toi. Daigne agréer ma démarche et la présenter toi-même à Dieu.

Notre Père, Je vous salue Marie, Gloire au Père.

3e, 6e et 9e jour:

Très compatissante sainte Rita, dernier recours dans les causes urgentes, je me confie à toi avec foi et amour. Dans la situation que je t'ai exposée, tu es mon ultime refuge. Aie pitié de moi, par la Passion du Christ à laquelle tu participas si intimement!

Notre Père, Je vous salue Marie, Gloire au Père.

Neuvaine à sainte Rita (2e version)

Premier jour:

Sainte Rita, enfant aimable et pieuse, jeune fille respectueuse, serviable et dévouée envers les parents, obtenez de Dieu beaucoup de grâces aux enfants, aux jeunes et aux familles. Sainte Rita, sainte des causes désespérées, des causes impossibles, j'ai confiance en votre puissante intercession auprès du Seigneur. Obtenez-moi de Dieu "l'espérance confiante" qui ne trompe pas et le désir ardent des biens immortels, et je vous prie instamment de m'obtenir aussi la grâce...

Notre Père, Je vous salue Marie (3 fois), Gloire au Père.

Sainte Rita, priez pour nous.

Deuxième jour:

Sainte Rita, vous avez toujours accueilli les pauvres, secouru les malades avec tant de douceur, de générosité, de bienveillance. Vous donniez du pain et de la nourriture, des soins, mais aussi de l'affection fraternelle. Aide-nous à être bons et généreux envers ceux qui souffrent. Sainte Rita, sainte des causes désespérées, des causes impossibles, j'ai confiance en votre puissante intercession auprès du Seigneur. Obtenez-moi de Dieu "l'espérance confiante"

qui ne trompe pas et le désir ardent des biens immortels, et je vous prie instamment de m'obtenir aussi la grâce...

Notre Père, Je vous salue Marie (3 fois), Gloire au Père.

Sainte Rita, priez pour nous.

Troisième jour:

Sainte Rita, vous avez beaucoup souffert du caractère violent, brutal de votre mari, mais vous lui êtes restée fidèle, attentionnée, douce, patiente, aimable. Vous avez tellement prié pour lui qu'il s'est repenti, corrigé et devenu bon époux et bon père. Sainte Rita, veillez sur les foyers. Obtenez aux époux la force, le courage pour vivre ensemble dans la paix, l'amour et la fidélité. Sainte Rita, sainte des causes désespérées, des causes impossibles, j'ai confiance en votre puissante intercession auprès du Seigneur. Obtenez-moi de Dieu "l'espérance confiante" qui ne trompe pas et le désir ardent des biens immortels, et je vous prie instamment de m'obtenir aussi la grâce...

Notre Père, Je vous salue Marie (3 fois), Gloire au Père.

Sainte Rita, priez pour nous.

Quatrième jour:

Sainte Rita, vous avez apporté tant de soins, de patience, de douceur mais aussi de fermeté dans l'éducation de vos enfants, leur donnant toujours le bon exemple. Soutenez les parents dans la tâche si difficile et délicate, si importante, dans la bonne éducation de leurs enfants. Sainte Rita, sainte des causes désespérées, des causes impossibles, j'ai confiance en votre puissante intercession auprès du Seigneur. Obtenez-moi de Dieu "l'espérance confiante" qui ne trompe pas et le désir ardent des biens immortels, et je vous prie instamment de m'obtenir aussi la grâce...

Notre Père, Je vous salue Marie (3 fois), Gloire au Père.

Sainte Rita, priez pour nous.

Cinquième jour:

Sainte Rita, vous avez été durement éprouvée par la mort de votre époux puis de vos deux fils. Vous avez connu la solitude, seule dans une maison déserte. Vous avez donné tout votre temps à la prière, à l'accueil des pauvres, aux soins des malades. Priez pour ceux qui sont durement éprouvés par la mort d'un être cher, pour ceux qui se retrouvent seuls. Sainte Rita, sainte des causes désespérées, des causes impossibles, j'ai confiance en votre puissante intercession auprès du Seigneur. Obtenez-moi de Dieu "l'espérance confiante" qui ne trompe pas et le désir ardent des biens immortels, et je vous prie instamment de m'obtenir aussi la grâce...

Notre Père, Je vous salue Marie (3 fois), Gloire au Père.

Sainte Rita, priez pour nous.

Sixième jour:

Sainte Rita, penchez-vous avec bonté vers ceux qui vous invoquent, ne sachant plus où aller et qui sont las, découragés, prêts à succomber au désespoir. Exaucez nos prières, soulagez nos souffrances, et essuyez nos larmes. Sainte Rita, sainte des causes désespérées, des causes impossibles, j'ai confiance en votre puissante intercession auprès du Seigneur. Obtenez-moi de Dieu "l'espérance confiante" qui ne trompe pas et le désir ardent des biens immortels, et je vous prie instamment de m'obtenir aussi la grâce...

Notre Père, Je vous salue Marie (3 fois), Gloire au Père.

Sainte Rita, priez pour nous.

Septième jour :

Sainte Rita, partout, toujours, dans toutes les circonstances et les états de vie, vous avez été modèle de piété, d'humilité, de générosité, de patience, de charité. Aidez-nous à devenir, à rester toujours humbles et petits devant Dieu, bons et généreux envers notre prochain. Sainte Rita, sainte des causes désespérées, des causes impossibles, j'ai confiance en votre puissante intercession auprès du Seigneur. Obtenez-moi de Dieu "l'espérance confiante" qui ne trompe pas et le désir ardent des biens immortels, et je vous prie instamment de m'obtenir aussi la grâce...

Notre Père, Je vous salue Marie (3 fois), Gloire au Père.

Sainte Rita, priez pour nous.

Huitième jour :

Sainte Rita, animée d'un grand amour de Jésus crucifié, désirant partager ses souffrances pour sauver les âmes, vous avez été marquée au front d'une plaie de la couronne d'épines du Christ. Obtenez-nous de mieux comprendre le prix du sang versé par Jésus-Christ, la grandeur de son amour dans le don qu'Il fit de sa vie, pour nous racheter du péché. Sainte Rita, sainte des causes désespérées, des causes impossibles, j'ai confiance en votre puissante intercession auprès du Seigneur. Obtenez-moi de Dieu "l'espérance confiante" qui ne trompe pas et le désir ardent des biens immortels, et je vous prie instamment de m'obtenir aussi la grâce...

Notre Père, Je vous salue Marie (3 fois), Gloire au Père.

Sainte Rita, priez pour nous.

Neuvième jour :

Sainte Rita, vous aimiez méditer les paroles de Jésus, vous nourrir de l'Évangile. Vous aviez une confiance totale en la divi-

ne Providence. Vous aimiez de tout votre cœur Dieu et le prochain. Obtenez-nous une foi vive, une espérance forte, une charité toujours grandissante. Sainte Rita, sainte des causes désespérées, des causes impossibles, j'ai confiance en votre puissante intercession auprès du Seigneur. Obtenez-moi de Dieu "l'espérance confiante" qui ne trompe pas et le désir ardent des biens immortels, et je vous prie instamment de m'obtenir aussi la grâce…

Notre Père, Je vous salue Marie (3 fois), Gloire au Père.

Sainte Rita, priez pour nous.

Neuvaine à Sainte Rita (3e version)

Premier jour : la vocation

C'est en pleine enfance, vénérable Rita, que vous avez décidé de vous consacrer au Seigneur !

Durant cette neuvaine, je veux prier avec vous, pour Sa plus grande Gloire,

Car il est juste et bon d'honorer chaque Jour,

Dieu, le Père, créateur du ciel et de la terre,

Dieu, le Fils, qui est notre Sauveur et mourut sur la croix en offrande sublime,

Dieu, le Saint-Esprit, le souffle même de la vie !

Je veux, Sainte Rita, retrouver la pureté de l'enfance et regarder en face la grandeur de la foi !

Aussi je vous implore de bien vouloir m'aider par votre intercession auprès de Dieu. Ainsi m'avancerai-je sur le chemin d'Abraham,

Et vers le céleste séjour !

Ainsi soit-il.

Deuxième jour : violences conjugales

Sainte Rita, vous avez épousé une brute, un méchant,

Un homme à la violence haineuse autant que sordide,

En solide femme de campagne, en cette terre d'Ombrie où vous avez vécu, vous avez supporté les coups et les brimades, les injures et le fiel de la détestation...

Vous avez supporté cette terrible épreuve sans vous plaindre !

En aimant votre bourreau !

En priant pour lui !

En demandant à Dieu le salut de son âme !

Sainte Rita, renforcez ma patience et protégez ceux et celles qui, malencontreusement, subissent la violence de ceux qu'ils doivent aimer !

Troisième jour : enfants déplorables

Sainte Rita, vous avez eu deux fils et ce furent des enfants de malheur !

Dès le berceau, ils se montrèrent brutaux, haineux, hargneux, tout emplis de vindicte et même d'exécration !

Rita, vous fûtes tout amour et vous refusâtes que vos fils soient damnés pour leurs crimes.

Vous avez demandé que le Seigneur les rappelle à Lui !

Vous avez demandé qu'Il leur accorde la douceur du repentir !

Et Dieu rappela à lui ces deux ignobles canailles.

Et Dieu a bien voulu que ces voyous infâmes fussent touchés par la grâce avant de mourir.

Grâce à votre amour, merveilleuse Rita !

Donnez-moi, je vous prie la compréhension du monde, et la force dont vous avez su faire preuve par votre intercession auprès du Seigneur !

Et aidez ceux que leurs enfants rebelles désolent et méprisent !

Car vous aimez l'humanité, en douce sœur des hommes de bonne volonté !

Ainsi soit-il !

Quatrième jour : Sainte Rita, patronne des situations difficiles ou embrouillées

Sainte Rita, une fois délivrée des liens terrestres, vous avez voulu devenir sœur Augustine.

Hélas, dans ce couvent, on n'acceptait que les vierges.

Malgré vos prières et votre vie ascétique, on vous a rejetée par trois fois. Elle prie, mène une vie ascétique et insiste. Par trois fois, elle sera rejetée.

Cependant, la supérieure estima votre conduite, si déterminée. Elle a appris vos souffrances et admire sa dignité, le fait que vous ne vous plaigniez jamais.

Alors, foin du règlement, sainte Rita, vous fûtes accueillie au cloître.

Vous avez accepté cette vie rigoureuse.

En femme libre et fière devant l'adversité, mais humble devant Dieu !

En entrant au cloître, vous avez montré que l'impossible est accessible à quiconque est pétri de la juste foi en Christ !

Donnez-moi, par votre intercession auprès de Dieu, un peu de votre indomptable énergie !

Cinquième jour : Sainte Rita protectrice des nouveaux nés

Sainte Rita, votre souffrance fut atroce !

Vos enfants, ces beaux enfants dont vous avez accouchés,

Ces bébés charmants et mignons sont, au fil du temps, devenus des voyous, des brutes, des assassins...

De votre chagrin, vous avez fait pitié, miséricorde, sollicitude !

Votre bienveillance protège les bébés, car vous voulez éviter à tout prix qu'ils deviennent comme vos fils, dont vous avez demandé la mort à Dieu, afin de les sauver !

Sainte Rita, protégez les enfants que j'aime,

Qu'ils ne soient pas sujets aux mêmes dérangements...

Ainsi soit-il.

Sixième jour : Sainte Rita, patronne des prostituées

Marquée par les stigmates, vous avez continué de mener votre vie de piété farouche.

Cependant, la plaie de votre front, trace de la couronne d'épines de Jésus, s'infecta et suppura...

Bientôt gangrenée, voici qu'elle dégagea une puanteur notable !

Malgré cette odeur pestilentielle, votre renommée s'étendit.

On vint vous visiter et, souvent de fort loin.

À votre mort, Rita, une délicieuse odeur de rose s'exhala de votre corps.

Aussi doit-on penser que, malgré toute répugnance,

Fût-elle celle que l'on éprouve légitimement devant les femmes impures et dépravées,

Qui s'offrent contre monnaie sonnante.

Vous protégez les prostituées, humbles filles, souvent méchantes par nécessité d'être.

Veuillez, comme pour elles, me seconder, m'aimer,

Afin que je rende grâce à la splendeur divine... !

Septième jour : communion avec l'esprit des saints.
Sainte "nature" et mystique à la fois.

Par votre force, vous avez su, merveilleuse Sainte Rita, penser plus loin !

En évitant de rester prisonnière du malheur...

Je cherche en moi cette énergie, comme votre douceur

Et je sens que vous m'accorderez un peu de sagacité,

Par votre entremise...

Aussi, je vous demande de me réconcilier avec moi-même,

Pour mieux honorer Dieu !

Ainsi soit-il.

Huitième jour : invocation de ceux qui souffrent à sainte Rita

Accablé par la douleur, j'ai recours à vous, vénérable Rita, car vous avez connu de dures épreuves sur la terre. Vous qui êtes la "Sainte de l'impossible", serez certainement sensible à ma souffrance !

Je vous demande de rendre le calme à mon esprit.

Si mes péchés sont la cause de ma situation, obtenez-moi la miséricorde divine; ainsi serai-je rasséréné et pourrai-je me consacrer plus ardemment à la louange de Dieu, au service divin, à l'exercice de la prière et à la charité.

Il ne faut pas me laisser sombrer dans le désespoir qui mène au blasphème et à l'impiété !

Ainsi soit-il.

Neuvième jour : Sainte Rita, patronne des causes désespérées

Sainte Rita, je vous demande d'intercéder auprès du Seigneur pour que vous me délivriez de la peine qui m'oppresse...

Écoutez ma prière, admirable Rita ! Ne soyez pas sourde à mon émoi !

Je me tourne vers vous, car vous êtes la Sainte des causes désespérées...

Il est juste et bon que ma prière s'élève vers votre gloire immense ! Sainte Rita, exaucez ma prière !

Ne me laissez pas m'éloigner du Dieu véridique !

Et faites que la fin de mes tourments me permette de servir le Seigneur, de l'honorer, de l'adorer, de le prier avec toute ma ferveur et tout mon amour !

Prière dans la détresse à sainte Rita

Directe, sans fioriture, cette prière peut être dite dans l'urgence. Ce qui ne veut pas dire dans la précipitation !

Certes, il arrive qu'une grande angoisse nous oppresse et que le souffle nous manque. Cependant, on doit dire les mots qui suivent sans précipitation. C'est difficile, certes, mais, à moins d'un danger imminent, d'une menace mortelle, il est nécessaire de prendre le temps de prier.

Ne l'oublions pas ! La force de la prière vient aussi, et surtout, de l'état d'esprit de celui qui prie. Sauf, bien entendu s'il s'agit d'une prière désespérée lorsqu'on court un péril imminent.

Cette leçon de "calme au milieu de la tempête" que la prière nous donne correspond bien au caractère de sainte Rita ! Il y a fallu beaucoup de patience pour mener à bien la réussite splendide de sa vie. Et l'on devine que, malgré toutes ses épreuves, elle prenait le temps de prier !

Prière de détresse à sainte Rita

Sous le poids de la douleur,
j'ai recours à toi sainte Rita,
si puissante auprès de Dieu,
avec la certitude d'être exaucé.

Libère mon pauvre cœur
des angoisses qui l'oppressent et
rend la paix à mon esprit accablé.

Toi qui as été établie par Dieu
comme l'avocate des causes désespérées,
obtiens-moi la grâce que je demande :
... (exprimez votre demande)

Si mes péchés constituent un obstacle
à l'accomplissement de mes désirs,
obtiens-moi la grâce du repentir et le pardon,
moyennant une sincère confession.
Ne permets pas que je répande
plus longtemps des larmes d'amertume.

Ô Seigneur,
récompense mon espoir en toi et
je ferai partout connaître la grandeur
de Ta miséricorde envers les affligés.

Ô épouse admirable du Crucifié,
qui te fit don d'une des épines de sa couronne,
aide-moi à bien vivre et à bien mourir.
Ne permets pas que je me détourne de toi
avant d'avoir été exaucée.

Prière à sainte Rita pour la guérison d'un malade

Efficacité

L'espoir doit nous guider ! Les prières de guérison, en général, sont fort efficaces. Il peut être bon de les dire en commun avec d'autres chrétiens. On est souvent surpris de la rapidité de l'effet d'une telle dévotion.

Recommandations d'un futur Pape

Parfois, les guérisons ainsi obtenues sont spectaculaires. La puissance de sainte Rita est trop connue pour qu'on y insiste : elle est vraiment la sainte des causes désespérées ! Aussi semble t-il nécessaire de donner ici les recommandations de l'église à ce propos. Voici donc l'extrait d'un texte qui fut rédigé par l'actuel Saint-père Benoît XVI, qui, à l'époque, était encore le Cardinal Ratzinger.

Article 9. *Ceux qui conduisent les célébrations de guérison, liturgiques ou non-liturgiques, doivent essayer de maintenir dans l'assemblée une atmosphère de dévotion sereine et doivent garder la prudence nécessaire si des guérisons surviennent parmi les assistants ; ils pourront recueillir avec soin et simplicité, à la fin de la célébration, les éventuels témoignages et soumettre le fait à l'autorité ecclésiastique compétente.*

Congrégation pour la doctrine de la foi, *Instruction sur les prières pour obtenir de Dieu la guérison*, 2000.

Miracle ?

En effet, il convient de raison garder et de ne pas crier au miracle d'une façon irréfléchie ! Certaines guérisons s'obtiennent grâce à l'aide de sainte Rita, ou d'autres saints, sans qu'il s'agisse de miracle ! C'est l'effet naturel de la véritable prière ! Le miracle est tout autre chose, il procède d'une autre gravité et d'un autre ordre de significations ! La confusion serait dangereuse et l'équivoque malsaine ! Soyons circonspects autant que prudents ! Et, sans chercher midi à quatorze heures, louons le Seigneur d'accorder si souvent et si simplement de multiples guérisons à ceux qui prient humblement. Le fait qu'une prière soit exaucée n'est pas une chose rare, inattendue, surprenante ! Non ! C'est tout simplement l'effet de la foi pure, de la prière sincère et de la bonté de Dieu ! Il convient de lui rendre grâce pour tous ses bienfaits et pour son indulgence envers nos fautes ! Chantons sa gloire par les siècles des siècles.

Prière à sainte Rita pour obtenir une guérison

De mon lit de souffrance, je me tourne vers vous, ô glorieuse sainte Rita, afin d'obtenir votre secours.

Durant votre vie sur terre, vous avez toujours témoigné une grande charité envers les malades. Vous les visitiez, les consoliez et les aidiez de votre mieux.

Du Ciel, où vous êtes aujourd'hui, montrez-moi l'efficacité de votre charité, ô mon humble protectrice.

Assistez-moi dans mes peines, obtenez-moi la patience et le courage dans mes douleurs, et, si Dieu le juge bon, obtenez-moi une complète guérison, afin que cette maladie me soit une occa-

sion de glorifier la bonté du Seigneur, d'exalter la puissance de votre intercession, mais surtout de me rendre digne, par une vie désormais plus vertueuse, de la gloire dont vous jouissez dans le Ciel.

Au nom du Père, du fils et du Saint-Esprit,
Ainsi soit-il.

Vie de sainte Rita de Cascia

Nous reproduisons ici une vie anonyme de sainte Rita, plus étendue et plus complète que le classique *Breve Raconto* dont il est question ci-dessous. L'origine de ce texte n'est pas connue précisément. Mais on en trouve des versions, plus brèves que ce qui suit, dès le XVIIIe siècle. Il est possible qu'il ait été écrit, du moins dans une version antérieure, bien avant. Voici donc un récit, remanié par souci de précision, qui s'est augmenté au fil du temps, que de saints hommes n'ont eu de cesse de préciser afin de donner une vision juste de l'existence passionnée de sainte Rita et du sens qu'elle revêt pour le chrétien sincère.

L'époque de sainte Rita est une époque charnière. Le Moyen Âge arrive lentement à son automne. Et l'auteur de ce texte a tenu à replacer les événements dans leur temps. Ce qui nous permet de “mesurer la distance”. Car, même si maintenant la Chrétienté est plus ou moins en crise (encore ne faudrait-il pas exagérer cette crise), rien n'est comparable aux époques mouvementées du passé, comme celle de la naissance de sainte Rita. On comprendra mieux, de ce fait, la claire affection de ses parents comme la difficulté d'être fidèle en ces temps de malheur, d'hésitation, de corruption et de doute. Pensons à nous en évoquant cette histoire : qu'aurions-nous fait ?

Comment aurions-nous réagi ? Certes, c'est difficile à dire, car on ne peut pas échapper aux mentalités de notre temps. Mais cette pensée peut tout de même nous aider à prendre conscience de certains aspects de notre foi, de notre vie chrétienne, de nos hésitations, doutes et engagements.

La vie des saints, de toute façon, doit devenir, pour chaque fidèle, un sujet de méditation. Pour l'exemplarité d'abord : elle permet une identification qui avive la foi. Mais c'est aussi une immense source de joie et d'amour. Il importe donc de savoir s'arrêter à certains moments du récit et d'essayer de se représenter son déroulement, dans son époque pour découvrir quel sens il conserve dans la nôtre. Nous allons essayer d'y aider le lecteur par des "*chapeaux*" en italiques comme celui qu'on est en train de lire.

Sainte Rita dans son temps

Rita naquit au mois de mai 1381. Si, la sainteté est intemporelle, il convient cependant de replacer la vie de sainte Rita dans son temps. Ceci afin de mieux la comprendre. Car elle fut d'abord une femme simple, une paysanne ombrienne vivant dans une époque de crise. Politiquement, de grands déchirements attristaient le monde. La chrétienté était divisée depuis des décennies. Ceci depuis qu'une querelle opposa le Pape Boniface VIII au roi de France Philippe le Bel.

Le Pape en Avignon

À la suite d'intrigues, de manœuvres diplomatiques, sans négliger la triste affaire du procès des Templiers firent qu'un prélat français Bertrand de Got fut élu en 1305, archevêque de Bordeaux. Le séjour romain posant divers problèmes, dont celui de la sécurité du Saint-Père, la rivalité parfois sanguinaire entre factions opposées firent que le siège pontifical fut transféré en Avignon dès 1305.

Les chrétiens vivaient évidemment fort mal cette situation incroyable. Et, dans les terroirs les plus reculés, on prenait parti pour le pape, pour le roi de France, le tout dans une confusion inextricable à laquelle se mêlaient les rancœurs venues de vieilles histoires de famille, de bornage ou de rivalités. Le village où allait naître Rita ne fut pas épargné par ce climat délétère. Et de nombreux incidents eurent lieu, rixes, bagarres, voire assassinats.

Avignon était une possession de l'église depuis 1274. Bertrand de Got fut pape de 1305 à 1314. À partir de ce moment, les oppositions entre Français et Italiens devinrent féroces. On tenta de faire retourner le Saint-siège à Rome. Après divers incidents, de sombres manigances, la situation se pérennisa. Jusqu'à la crise de 1378. Car le paroxysme de cette triste situation eut lieu trois ans avant la naissance de Rita.

Dans les campagnes de France, d'Italie, du Royaume de Savoie, d'Espagne, du Saint Empire, etc. la situation fut encore aggravée par l'émergence de nombreuses bandes de brigands de grands chemins. Ils profitaient du flou politique, de l'inquiétude religieuse et de l'instabilité du pouvoir pour agir à leur guise. Et se livraient à des exactions épouvantables dont la cruauté semait la terreur.

Meurtres, mutilations, viols se succédaient d'une façon monstrueuse, tandis que les paysans tentaient, tant bien que mal, de s'organiser pour résister. Les autorités, trop absorbées par les troubles du Saint-siège luttaient mollement contre ce banditisme en expansion. Comme partout, Roccaporena souffrait de cette instabilité.

Que pouvaient penser de cette situation des chrétiens modestes, des âmes pures, des paysans de la riante Ombrie ? Ils vivaient déjà dans la crainte ! De plus, les nouvelles venant de partout se montraient inquiétantes. Il semblait qu'aucune nation au monde ne soit en paix !

Troubles en Italie

En Italie, entre les partisans du Pape et de l'Empereur. Ce fut un sinistre florilège de massacres et d'empoisonnements ! En

1381 le redoutable Charles de Duras conquiert le royaume de Naples et emprisonne Jeanne Ière de Naples au Château de l'Œuf, lieu aussi légendaire qu'inquiétant. La rivalité entre Venise et Gênes bat son plein: Venise vainc, mais doit abandonner la Dalmatie: la carte politique change du tout au tout!

En France, c'était la lutte sans merci entre Armagnacs et Bourguignons. La terrible guerre de Cent ans s'éternisait avec son cortège de massacres et de supplices. Pendant ce temps, les pirates écument le Méditerranée comme la Baltique! Bref, partout dans le monde connu, tout n'est que violence.

Un conclave du Vatican eut lieu le 7 avril 1378. Les cardinaux étant presque tous français, on pouvait légitimement penser que l'élu le serait lui aussi. Ce qui, évidemment ne plaisait pas à tout le monde.

Chaque village, voire chaque famille, était divisé. Et, à Roccaporena village isolé, comme ailleurs. Deux personnes, deux époux, cependant, tentaient de ramener leurs concitoyens à plus de raison, à plus de douceur dans leurs vies. Ils prêchaient la paix et l'amour du Christ. C'étaient des pacieri. Ce mot signifie "faiseurs de paix". Leur nom? Antonio Mancini et Amata, née Lotti.

Pacieri? Il s'agit d'un statut particulier. D'une sorte de médiation civile. Car ce n'est pas une charge de magistrat. La tâche des pacieri était de réconcilier les adversaires, pour l'amour de Dieu. Elle participait à la fois du civil et du religieux. Dans tous les cas, la pacification se faisait devant témoins et s'achevait par un acte notarié. Elle avait pour but d'éviter un procès et de rompre le cycle infernal de la vengeance. Il pouvait y avoir aussi obligation de réparation matérielle des dommages causés. La pacification engageait les deux parties et leurs héritiers pour toujours.

Menaces de mort, grossièreté, vengeance

Les Romains, furieux, menacèrent les cardinaux de mort si l'on élisait pas un pape de leur choix. La populace s'en mêla et, sous l'effet de la peur, le conclave a élu l'archevêque de Bari, Barthélémy Prignano, Urbain VI. Ce ne fut pas le bon choix.

Le nouveau pape fut d'abord un intrigant, un provocateur. Il se montra si insultant, si grossier que treize cardinaux annulèrent son élection, arguant, à juste titre, qu'elle avait été obtenue par la contrainte et la menace. Ils choisirent un nouveau pape nommé Robert de Genève qui devint Clément VII. Ce dernier s'installe en Avignon. Les chrétiens ne savaient plus à quel pape se vouer.

Naissance de sainte Rita

L'enfance… Certes, on veut y voir l'époque de l'insouciance. Ce n'est certes pas le cas, ce que les psychologues ont montré. On eut aussi en faire le moment d'une légèreté d'esprit, du jeu. C'est vrai. Mais on sait aujourd'hui que le jeu est une chose sérieuse. Et que les enfants s'y "investissent" d'une façon profonde.

Profondeur: le mot fait presque peur. De plus on ne le relie que rarement à l'enfance. De même que, peut-être faute de mémoire, on ne comprend pas que la foi des enfants peut justement être profonde.

Certes, elle diffère de celle des adultes. Notre foi nous suit dans la vie. Le jeune homme la vit autrement que le vieillard! L'enfant a, bien évidemment, encore une autre façon d'être avec Dieu, de penser Dieu. elle est parfois confuse, puisqu'il y a l'âge des "grandes questions" auxquelles les parents ont parfois bien du mal à répondre. Mais les parents ont un rôle merveilleux dans la direction de cette foi, dans l'éducation religieuse de leurs rejetons. Il faut en être conscient et vivre aussi le temps de l'éducation comme une partie du chemin d'Abraham, de la Voie Royale.

Rita eut la chance d'avoir des parents pieux qui l'éduquèrent en chrétienne. Sa foi fut bâtie solidement, jour après jour. Mais comment les parents de Rita ont-il ressenti les signes de l'Appel ? Voilà un mystère ! Ils devaient bien sentir qu'il “y avait quelque chose”... En même temps, ils souhaitèrent, pour leur fille, une vie normale, un bon mariage. Ne les jugeons pas sévèrement ! On ne peut pas déceler si facilement la profondeur de l'appel divin.

Aussi, ces croyants se méfièrent-ils de la vocation de Rita. Qui n'en ferait autant ? Il arrive fréquemment, chez les enfants et surtout chez les adolescents, des périodes d'exaltation religieuse assez sympathiques, mais troublées. Certains, dans une sorte de ferveur “romantique” décident d'entrer dans les ordres d'une façon inconsidérée. Ce n'est certes pas un péché : ils sont on ne peut plus sincères ! Mais il s'agit souvent d'un égarement. Et de bons parents chrétiens ne l'ignorent pas. Les vraies vocations sont rares...

Aussi pouvons-nous comprendre l'attitude des parents de Rita. Ils souhaitaient une bonne vie pour leur fille. Un bon mariage, comme tous les parents du monde. Hélas cette union “pour le meilleur et pour le pire” fut plutôt “pour le pire” que “pour le meilleur”.

L'enfance de sainte Rita, comme on le voit, nous pose la question insoluble du “bon” rôle parental. Certes, elle ne donne pas de réponse, mais propose un excellent sujet de méditation chrétienne qui peut mettre en jeu la pratique quotidienne d'un père ou d'une mère. Qui peut amener une meilleure compréhension d'un fils ou d'une fille. Qui peut aussi guider certaines attitudes, certains choix, certaines orientations.

On voit ainsi que la vie d'une sainte, d'un saint n'est pas seulement exemplaire dans sa grandeur. Elle l'est aussi au quotidien, mais d'une façon diffuse. Elle ne conseille rien, mais oriente tout en laissant son choix à chacun. Il s'agit, comme fut le message chrétien, d'une “liberté intérieure”. Continuons notre lecture :

Un couple en mal d'enfant

Pendant ce temps, tout en œuvrant pour la paix et la concorde, les époux Mancini se désolaient de ne pas avoir d'enfants ! Après onze ans de mariage ! Ils priaient de toutes leurs âmes. L'espoir les habitait, aussi fort que leur volonté acharnée de répandre l'amour et la paix. Bien sûr, on s'opposa à eux. Mais ils persistèrent à répandre le message de Dieu à ceux qui, se réclamant de Lui, bafouaient Sa sainte Loi en se livrant à d'horribles violences.

Avignon, restauration d'une vie chrétienne

En Avignon, le nouveau pape a restauré la cour en de plus saintes pratiques ! Il a su en faire un lieu de foi et de culture. Il s'appliqua à redonner la dignité au siège papal. Protégeant les arts, les lettres, il sut bien s'entourer. Par exemple, il abrita un jeune cardinal Pierre de Luxembourg. Neveu du Pape, Pierre de Luxembourg mena une vie pieuse. À tel point qu'il devint un saint.

On voit encore, à Châteauneuf du pape une chapelle qui fut construite à l'endroit où Pierre de Luxembourg eut l'apparition de Jésus sur la croix. Ce très pieux personnage mourut jeune à cause de ses pénitences et de ses privations entre autres mortifications.

Violence et piété

À Roccaporena, la vie continuait. Cette agglomération de l'Ombrie, non loin de Pérouse vivait en plein contraste, en pleine contradiction. D'un côté, l'agitation due aux troubles religieux et politiques attisait la haine et la violence. Mais, de l'autre, la piété quotidienne suivait son cours. Il faut dire qu'un miracle avait eu lieu à Cascia. Et qu'il renforçait sensiblement la foi et la pratique des gens du cru !

Voici ce qu'en dit Dom Antoine Marie, abbé de l'Abbaye Saint Joseph de Clairval, dans sa *Lettre de la Toussaint,* 2003 :

La procession de la Fête-Dieu revêt un éclat particulier : on y vénère la relique d'un authentique miracle eucharistique, qui a fait l'objet d'un acte notarié conservé aux archives de la commune. Le miracle a eu lieu à Sienne : un prêtre, devant porter la communion à un malade, place négligemment l'hostie consacrée dans son bréviaire. Au chevet du malade, il ouvre le livre et trouve l'hostie toute liquéfiée, presque sanglante, et les deux pages maculées de sang. Une de ces pages et l'hostie miraculeuse sont confiées au monastère Saint-Augustin de Cascia où un reliquaire, confectionné tout exprès, les conserve. Tous les ans, à la Fête-Dieu, ce reliquaire est porté en procession.

Pendant ce temps, Urbain VI devenait fou furieux, allant jusqu'à faire exécuter ou assassiner ses propres cardinaux ! Sans négliger diverses malversations déplorables et indignes ! De plus, il s'entourait de mages impies, de sorciers répugnants et alla même jusqu'à se livrer à des pratiques magiques ! À invoquer le Diable, voire à faire des envoûtements d'inspiration diabolique à l'aide de "dagydes", c'est-à-dire de poupées de cire !

Naissance de Margarita

Loin de là, les époux Mancini luttaient contre les conflits terribles de leur voisinage. Ils s'insurgeaient contre les vengeances à répétition, la haine et la violence quotidienne. Et chaque jour, ils priaient pour que leur vienne un enfant. Ils ne se décourageaient pas, menant une vie pieuse dans le respect de la loi du Seigneur.

Ils persistaient à espérer la fécondité, tandis que leur entourage se moquait d'eux et que leurs ennemis les accablaient d'insultes, voire de menaces ! Et, contre toute attente, leur vœu fut exaucé.

Un jour d'automne, tandis qu'elle accomplissait les tâches ménagères, Amata entendit un souffle de vent. Puis elle entendit une étrange voix qui lui murmura :

- *Ne crains rien, Amata, tu vas donner le jour à une petite fille. Antonio et toi vous l'aimerez tendrement ! Et le Seigneur l'aimera encore plus !*

Le soir venu, elle confia à Antonio les paroles ainsi entendues. Quelques semaines après un nouveau souffle de vent se fit entendre. La même voix dit à Amata :

- *Le jour approche. Cette enfant, tu la nommeras Rita, en l'honneur de sainte Margherita. Donne-lui ce petit nom, car elle deviendra un grand nom !*

Le mot margarita, en latin, veut dire perle.

Deux papes !

Deux papes ! C'est dans ce climat incroyable de troubles et de discorde que la fille des époux Mancini vit le jour ! On l'appela donc Rita. Tous les voisins vinrent complimenter les parents. Mais ce prénom les surprit ! Le curé de Cascia hésita avant d'accepter un diminutif en lieu et place d'un véritable prénom complet. On imagine sans peine la joie des parents ! Cependant, cette joie se mêlait d'inquiétude. En effet, dans quel monde allait croître cette enfant ? Tout semblait à feu et à sang. Quel serait le destin de la pauvre fillette ? Ses parents priaient pour qu'il ne soit pas désastreux. Ils désiraient ardemment qu'elle vécût une vie heureuse, dans la piété et l'observance de la loi divine.

Le “miracle” des abeilles

Peu après sa naissance, ses parents la mirent, comme c’était l’usage, dans un couffin et la déposèrent au bord d’un champ qu’ils cultivaient. Un travailleur agricole se blessa malencontreusement avec sa faucille. On sait les dangers du tétanos : en ce temps, point de remède. Aussi le malheureux se hâta de rentrer chez lui, pour se soigner comme on le faisait alors, avec des plantes. Parfois, cela réussissait.

Passant devant la petite fille, il est tout surpris de voir un essaim d'abeilles voleter au-dessus d'elle, les insectes entrent même dans sa bouche. Affolé, le paysan approche sa main blessée pour chasser les abeilles. Et, soudain, il se rend compte que sa blessure est parfaitement guérie.

Pendant ce temps, les abeilles continuent leur manège, entrent dans la bouche de Rita, en ressortent, comme s'il s’agissait d’une danse joyeuse. Elles ne firent aucun mal au bébé. La petite Rita se contentait de sourire. Alors le paysan guéri s'empressa de tout raconter aux parents de Rita. Ces derniers furent perplexes. Ils se demandèrent ce que cela signifiait, et ce que serait leur enfant.

Il faut voir un signe dans cet événement hors du commun, celui de la pureté de Rita. Mais, pour mieux comprendre, lisons *le Sermon pour la Nativité de la Vierge* de Saint Aelred, qui vécut en Angleterre au XIIe siècle :

L’abeille, qui produit le miel, est un insecte très chaste ; les abeilles, en effet, ne se reproduisent pas par accouplement. Aussi l’abeille est-elle le symbole d’un esprit chaste et sobre, en qui la Sagesse habite volontiers. Ainsi donc, l’âme chaste, telle une abeille, vole à travers le champ des Écritures et les médite assidûment. Là, à partir des paroles et des exemples des saints, elle se compose comme un bouquet de fleurs spirituelles ; il en résulte en son cœur une merveilleuse délectation ainsi qu’une immense douceur, une suprême suavité; elle expérimente ainsi que l'Esprit du Seigneur est plus doux que le miel.

L'abeille, de plus, est laborieuse. Elle montre l'exemple de ce que peut être une servante de Dieu, dans les modestes attributions de sa place au sein de la ruche. N'est-ce pas une belle image de ce qu'est une moniale, dans son couvent? Laissons encore la parole à l'abbé de Clairval, citons encore une fois sa très belle Lettre de la Toussaint 2003, déjà mentionnée ci-dessus:

Cet épisode, appelé "miracle des abeilles", attesté par de nombreux témoignages, établit entre Rita et les abeilles un lien providentiel qui n'est pas sans signification spirituelle. Saint Ambroise donne l'abeille comme un modèle de vie: "Faites que votre travail soit semblable à celui d'une ruche, parce que votre pureté et votre chasteté doivent être comparées aux abeilles laborieuses, modestes et continentes. L'abeille se nourrit de rosée, ne connaît pas les vices de la sensualité et produit le miel précieux. La rosée d'une vierge est la parole même de Dieu qui, comme la rosée des abeilles, descend bienveillante et pure du Ciel".

L'enfance et l'adolescence de sainte Rita

Une enfance pieuse

Après avoir, en introduisant, dans le chapitre précédent, parlé de la parentalité chrétienne, nous allons envisager, en lisant la suite de la vie de sainte Rita, ce qu'est une enfance chrétienne. Du point de vue des parents, il y eut sans doute beaucoup de joie! Car ils ne pouvaient souhaiter que d'avoir une fille pieuse! Mais de là à accepter une vocation! Au sens propre...

En effet, le nom "*vocation*" est emprunté au latin "*vocatio*", "*action d'appeler*", ou encore "*invitation*". Le latin tardif de l'église a spécifié le sens religieux du mot en le spécialisant dans le sens d' "*appel fait par Dieu*". On le trouve dans l'œuvre de saint Blaise au VIe siècle. dans le sens précis d' "*invitation par Dieu à la foi*". La racine du mot latin est *vox*: "*voix*". C'est bien l'appel entendu par Abraham ou par Moïse, cet appel d'une voix venue du Ciel et qui résonne en soi. Mais qui peut aussi être extérieure. C'est la voix formidable du Seigneur qui retentit dans le désert! C'est l'appel des saints à Jehanne, la bergère de Lorraine!

De ce choix venant de Dieu, de cet appel particulier naît un mouvement intérieur par lequel l'être humain se voue à la vie religieuse. Cette inclination, ce qui pourrait n'être qu'un penchant devient impérieux. Et c'est ainsi que se forge un Destin individuel dont les bienfaits rejailliront sur tous! Sur chaque être humain craignant Dieu et l'adorant, car il est le Seigneur, l'Unique en trois personnes, l'incréé, l'Éternel!

Un synonyme de "*vocation*" est "*élection*". En latin, *electio* veut dire "*choix*". Mais c'est aussi l'investiture, comme dans le sens moderne, quand des électeurs investissent un élu pour qu'il les représente. Il peut y avoir, comme le spécifie la Bible un "peuple élu", sujet de l'élection par le Seigneur. Ce peuple, comme l'être humain élu est alors investi d'une mission et animé par la grâce de l'esprit divin.

La sainteté est une voie difficile. Certains pensent, comme Renan, qui connaissait fort bien la religion même s'il s'en était éloigné, que la vocation, l'élection n'a pas la même nature pour un homme que pour une femme:

L'élection d'en haut qui fait les vocations à part est bonne pour l'homme, mais cruelle pour la femme.

Ernest Renan, *Drames philosophiques*, 1885.

C'est à voir et c'est encore un bon sujet de réflexion que la sainteté peut nous offrir. Dans le cas précis de Rita, c'est bien le fait d'être femme qui retarda la possibilité de répondre à l'appel ! C'est bien en femme qu'elle a souffert, qu'elle a lutté. C'est bien dans son cœur et dans sa chair de femme qu'elle a dû vivre la mort de ses fils et supporter la violence conjugale. En femme, en mère, en épouse ! Mais revenons au moment de la vocation en poursuivant le récit de la vie de sainte Rita.

En protégeant la petite Rita des piqûres dangereuses, voire mortelles, le Seigneur annonça le désir qu'éprouverait Rita de se consacrer à Dieu. Élevée très chrétiennement par ses parents, Rita aimait se retirer à l'écart pour prier. Elle construisit une petite chapelle de branchage et lorsque sa mère s'inquiétait de savoir où était Rita, elle allait tout de suite au fond du jardin, sûre de pouvoir y trouver son enfant en prière. C'est ainsi que peu à peu naquit en elle, le désir de prendre le voile…

Une voix

Un jour, dans l'église du Monastère Sainte-Marie-Madeleine des Augustines de Cascia, Rita assiste à la Sainte Messe. Et soudain, elle entend une voix en elle. Une voix intérieure. Il s'agit du Christ qui lui répète une phrase déjà rapportée par l'Évangile :

Je suis la Voie, la Vérité et la Vie.

Jn 14, 6.

Cette fois, plus de doute : Rita est certaine de sa décision ! Elle servira le Seigneur ! Ce jour est le point de départ de sa vocation religieuse.

Hélas, ses parents ne l'entendirent pas de cette oreille ! Comme c'est l'habitude, dans les milieux ruraux, ils pensèrent lui trouver, plus tard, un bon époux. Son père et sa mère pensèrent à bien établir leur fille. Ils désiraient pour elle la sécurité. Ils désiraient plus que tout assurer son avenir.

Un bon parti

La pauvre Rita fut bouleversée. Elle voulait fermement se consacrer à Dieu !

Elle supplia ses parents de la laisser prendre le voile. Hélas, à cette époque là, on ne demandait pas l'avis des jeunes filles tandis que les mariages étaient arrangés par les parents. Ils contractaient des alliances selon leurs intérêts pour l'avenir de leurs enfants Les parents de Rita décidèrent donc de la marier à un beau parti : Antonio Ferdinando.

Le Mariage

Sainteté du Mariage ! Consécration ! Offrande et promesse ! Si l'église a voulu, vers l'époque de sainte Rita, faire du mariage un sacrement, c'est qu'il devenait nécessaire de donner un sens à ce qui était encore un acte civil que les prêtres bénissaient comme les autres contrats.

Un sacrement ? Oui, dans le mariage on connaissait déjà le sacramentum qui demeure même en cas d'inconduite des mariés. Mais il fut précisé par la "cause sacramentelle", res sacramenti qui procure les biens liés à la grâce. Ainsi les mariés deviennent-ils membre du Christ autant que successeur d'Abraham et de Sarah. Pour créer la grandeur du mariage chrétien, il a fallu séparer ce qui vient du mariage naturel et ce qui est apporté par la grâce, distinction indispensable pour qu'on puisse parler de sacrement au plein sens du terme. Ce qui fut précisé au début du XIIe siècle dans le *Livre des sentences* d'Anselme de Laon, puis par le grand Hugues de saint Victor dans son merveilleux livre sur les sacrements. Ceci dans la tradition augustinienne…

Pour mieux comprendre la mentalité d'une femme à l'époque de Rita, il nous faut résumer brièvement la question. Ainsi, la femme chrétienne d'aujourd'hui, comme son mari, pourront prendre mieux conscience de leur être en complémentarité et de leur individualité en présence l'une de l'autre. Ce qui, aussi, peut nous rendre tous, sans distinction d'âge ou de sexe, plus proches du merveilleux et intemporel message d'amour et de paix d'une modeste femme vivant à Cascia au XIVe siècle.

On distingue dans le sacrement, les causes matérielles (personnes des époux), les causes formelles (cérémonie), les causes efficientes (consentement) et les causes finales (procréation et remède à la concupiscence). L'ensemble de ces causes, étant distingué, aide à comprendre ce qui est en jeu et permet de donner plus d'importance à tel ou tel élément. Toutefois, Guy d'Orchelles, toujours au XIIe siècle, ajoute bien d'autres causes au mariage comme le rétablissement de la paix, la grandeur de l'homme et de la femme, le profit, la possession de richesses et d'autres encore.

Le *Livre des Sentences* de Pierre Lombard, futur évêque de Paris (1158-1160), donne un exposé complet de la théologie du mariage. Ces textes sont primordiaux, ceci parce que les théologiens s'en servirent durant de nombreux siècles.

On peut mesurer le chemin parcouru en considérant que dans l'Antiquité, chez Justinien, dans les *Institutes* de Gratien ("De Matromonio") puis dans le Haut Moyen Âge : le mariage n'est défini que comme l'union de l'homme et de la femme établissant une communauté de vie entre eux.

On distingue ce qui fait la définition du mariage du principe de sa constitution, ce qui met en place le lien conjugal entre des personnes. Il faudra donc des siècles pour que le mariage prenne un tout autre sens dans le monde chrétien. Pour qu'au-delà de la fidélité, il pose le problème de la foi conjugale... Et le mariage vivra ces profondes modifications statutaires et spirituelles qui seront présentes à l'époque de Rita, au moment d'une grande crise des institutions.

Car, en ces temps de troubles, l'engagement personnel, dans le mariage devient prépondérant par rapport aux normes précédentes. L'engagement de sa foi devint la règle... Et l'on commença à penser qu'un homme ou une femme pouvait choisir librement son conjoint...

Mais, pour Rita comme pour toutes les filles de son temps, le choix de l'époux appartenait aux parents ! Ce qui pouvait être harmonieux : en ces temps reculés on "apprenait à se connaître" au fil des saisons et des jours et, souvent, il arrivait que l'amour et l'harmonie se bâtissent avec les ans. Et de sordides mariages d'affaires ou d'intérêt ont ainsi pu devenir de belles et pures unions !

Le choix de l'autre parle futur conjoint lui-même ? Il est aujourd'hui la règle. L'amour, ou encore une certaine idée de l'amour, devient obligatoire au départ. Seulement voilà : les sociologues ont découvert que, à part des cas de ruptures, de révoltes et de provocations, on choisissait généralement celui ou celle que les parents auraient pu choisir ! Sinon, c'est trop souvent l'échec !

Pour Rita de Cascia, l'aventure fut terrible ! D'abord, elle ne voulait pas se marier ! Elle voulait devenir religieuse ! Cependant, en bonne et vraie chrétienne, en fille aimante et dévouée, elle a accepté et a voulu devenir une épouse modèle, une femme juste, une mère attentive...

Il aurait pu se faire que, mauvaise fortune bon cœur, ce mariage fût, sinon heureux, disons : moins disharmonieux. Mais voilà ! Rita fut confrontée à un homme non dénué de qualités, certes, mais violent... elle sut l'aimer quand même ! Elle se renferma en elle-même et s'ouvrit encore davantage à la foi intense qui l'habitait.

Un guerrier

Voilà un solide gaillard! De plus, il était considéré comme un valeureux guerrier. Il combattit du côté des fidèles au pape d'Avignon durant les années de crise. Fier soldat, certes, Fernando n'en était pas moins doué d'un très mauvais caractère. Il conservait les habitudes de la soldatesque et abusait volontiers des boissons fortes.

En ceci, il ne différait guère de beaucoup d'hommes de son époque! Et les troubles politiques comme les dangers de la vie ordinaire n'incitaient guère à la douceur, à la mansuétude. Ainsi voyait-on, à côté d'hommes et de femmes pétris d'une foi intense autant que claire, de sombres brutes que l'on aura pu croire sans foi ni loi. Mais Dieu sait reconnaître les siens, fussent-ils dans la misère, la haine ou le péché! Il peut les aider à revenir au bien. Et sainte Rita, auxiliatrice et bienveillante a contribué à en ramener plus d'un sur le droit chemin!

Rita n'avait que 16 ans. Elle se soumit à contrecœur. Désireuse de servir Dieu, elle s'interrogea: et si ce mariage, et si cette épreuve la faisait progresser sur la voie de la charité, de la foi, de la dévotion? Et si, en contrecarrant son vœu, le Seigneur avait voulu l'éprouver? Rita accepta donc et devint une bonne épouse, respectueuse de son mari, assidue aux besognes quotidiennes du ménage. Ainsi se conformait-elle à la loi divine, elle, Rita, au prénom signifiant "perle", et devenant encore plus précieuse que les plus belles perles, comme il est dit dans les Saintes Écritures:

La femme vaillante, qui donc peut la trouver?
Elle est infiniment plus précieuse que les perles.
Son mari peut avoir confiance en elle:
au lieu de lui coûter, elle l'enrichira.

Tous les jours de sa vie,

elle lui épargne le malheur
et lui donne le bonheur.

Elle a fait provision de laine et de lin,
et ses mains travaillent avec entrain.

Sa main saisit la quenouille, ses doigts dirigent le fuseau.

Ses doigts s'ouvrent en faveur du pauvre,
elle tend la main au malheureux.

Décevante est la grâce, et vaine la beauté;
la femme qui craint le Seigneur est seule digne de louange.
Reconnaissez les fruits de son travail.
Sur la place publique, on fera l'éloge de son activité.

Proverbes, XXXI, 10-31.

Violences conjugales

Hélas, le caractère de Fernando était vraiment mauvais: ce colérique, ce buveur, se montrait facilement violent. Plus que la plupart des hommes de ce temps qui, pourtant, battaient souvent leurs femmes! Parfois, lorsqu'il était éméché, il rouait de coups la malheureuse Rita. Il l'agonisait en même temps d'injures humiliantes ajoutant la peine psychologique à la douleur physique. C'étaient alors des moments terrifiants que la malheureuse supportait en priant Dieu, la Vierge Marie et sainte Marguerite, sa patronne.

Une conversion

Fernando, comme beaucoup d'alcooliques, se montrait charmant à jeun. Rita prit patience... Elle décida de réformer en douceur les mœurs de son mari, en pratiquant les gentillesses, en lui faisant mille grâces, en lui parlant de Dieu. Car elle voulait opérer une véritable conversion. Et ce ménage passait des scènes violentes, abominables, aux doux entretiens à propos du Seigneur et de la grandeur des saints.

Cette patience porta ses fruits. Petit à petit Ferdinando se rendit compte de ses erreurs. Il changea ses habitudes. Il cessa de hanter les tavernes et de fréquenter ses vieux compagnons de route, d'abominables soudards, de for mauvais amis. Il devint même tempérant et cessa de boire trop ! Las des bagarres qui, souvent, tournaient vraiment mal, il décida de ne plus porter d'armes sur lui. Chose pénible pour un guerrier ! Le voici se promenant désarmé, comme un simple manant !

Naissance

La vie devint provisoirement plus douce. Et cette union, devenue calme, sereine, fut féconde. Rita accoucha de jumeaux. Quelle joie ! Rita se consacra à sa maternité avec amour. Et le ménage aurait pu couler des jours heureux. Hélas, il advint un grand malheur.

Malheurs et infortunes

Les écarts de conduite du mari de Rita se raréfiaient. Cet homme trop brutal mais qui, au fond de lui, conservait une certaine pureté comme la foi en Dieu aurait pu s'amender, aller son chemin vers la Rédemption, le Salut. Il se calmait, devenait plus prévenant, moins emporté. Qui d'autre que le Seigneur peut connaître les âmes ? Et qui peut aujourd'hui comprendre le mystère du destin de cet homme ? Le voici qui va, sans raison connue, dans un endroit dangereux ! Là où les pires truands ne venaient jamais seuls ! Là où la maréchaussée hésitait à entrer ! C'était l'endroit de tous les vices, de tous les trafics ! Les siècles ont passé. Le mystère reste entier !

Un lieu mal famé

Un soir, un voisin vint prévenir Rita d'un grand malheur ! Son mari était allé, on ne sait pourquoi, dans l'un des lieux les plus dangereux, les plus louches, les plus mal famés de la région : *le couloir de la Vesina*.

Situé approximativement à six lieues de Cascia, c'était le paradis des hors-la-loi, des filles de mauvaise vie, des brigands de tout poil. C'était l'endroit de tous les périls : les poignards et les dagues sortaient pour un oui, pour un non. Il n'était pas rare que des cadavres jonchassent le sol.

Rita, au fond de son malheur, eut cependant une consolation, car le voisin avait assisté à l'agonie du malheureux. Il avait même recueilli ses dernières paroles : Fernandino pardonnait à ses assassins, pour l'amour de Dieu. De plus il remerciait son épouse de l'avoir tant aidé à s'amender. Rita avait donc obtenu la conversion de son mari : le voici sauvé. Rita pardonna, elle aussi aux meurtriers. Elle enjoignit à ses deux fils d'en faire autant...

Des fils têtus

Hélas, ces deux jeunes gens avaient hérité les pires penchants de leur défunt père ! Elle essaya d'adoucir leurs penchants brutaux. Elle s'appliqua à leur enseigner la grandeur, comme la nécessité du pardon. Hélas, les jumeaux ne voulurent pas l'entendre. Rita s'effraya du péché monstrueux dont ils voulaient se rendre coupable, péché qui déplaît à Dieu !

Alors, Rita pria, trouvant au fond d'elle-même un exemplaire courage, elle admit que rien ne dissuaderait les jumeaux d'accomplir leur forfait. Elle en était consciente et ne s'aveuglait pas comme beaucoup de mères l'auraient fait ! Elle était pleinement consciente de l'impossibilité de faire changer d'avis à ses fils. Ils seraient criminels à n'en pas douter ! Même, ils se réjouissaient par anticipation de leur crime. Elle eut beau leur répéter que, Saint Paul écrivit ceci aux Romains :

Ayez les mêmes sentiments les uns envers les autres. N'aspirez pas à ce qui est élevé, mais laissez-vous attirer par ce qui est humble. Ne soyez point sages à vos propres yeux. Ne rendez à personne le mal pour le mal. Recherchez ce qui est bien devant tous les hommes. S'il est possible, autant que cela dépend de vous, soyez en paix avec tous les hommes. Ne vous vengez point vous-mêmes, bien-aimés, mais laissez agir la colère ; car il est écrit : À moi la vengeance, à moi la rétribution, dit le Seigneur.

Romains XII, 17-20.

Rien ne fit changer d'avis les deux jeunes hommes : ils persistèrent dans leur destin funeste. Ils enquêtèrent, car le pardon de Rita se manifesta aussi par son refus de livrer à sa belle-famille le nom de l'assassin de son mari ; ce qui lui valut, évidemment, l'hostilité de celle-ci.

Rita ne pouvait pas admettre ce désir de vengeance. L'idée de vendetta, si enracinée dans les caractères d'une certaine partie de la population méditerranéenne lui répugnait. Il faut savoir que cette mentalité de revanche sanguinaire n'est pas le fait de tous, mais des esprits les plus vils, les plus bas et, évidemment, les moins chrétiens de ces régions. Car, par ailleurs, il y existe de grandes noblesses d'âme et des cœurs purs, épris d'amour et de charité. Ainsi étaient les parents de Rita, ces pacieri. Et Rita, en refusant de dénoncer un coupable, honorait leur mémoire.

Une prière surprenante !

Alors, mue par une charité merveilleuse, elle pria de plus en plus. Ne voyant aucune autre solution, elle demanda à Dieu qu'il rappelle ses deux fils à Lui. Elle préférait qu'ils perdent leur vie terrestre plutôt que de les voir un jour perdre la Vie éternelle dans les vertes pâtures du Seigneur en devenant homicides. Cette prière héroïque fut exaucée : Le Seigneur, dans sa grande mansuétude, accepta ce sacrifice hors du commun, cet holocauste sublime. Et les deux mauvais sujets moururent en paix, après avoir reçu les saints sacrements...

Salvation

Rita, malgré son deuil, avait sauvé ses fils de la damnation éternelle, comme elle avait sauvé son mari. Le tout avec une abnégation merveilleuse et un amour admirable... Ainsi, Dieu délivra sa servante de l'inquiétude qui la rongeait. En même temps, il la délivrait aussi des attachements terrestres...

Servir le Seigneur

Rita est seule, maintenant. Les épreuves de sa vie l'ont fortifié. Elle a réussi à sauver son entourage : son mari, d'abord, puis ses fils qui, tous trois s'éloignaient de la Voie Royale, du chemin d'Abraham, de la vie chrétienne pour se livrer à des violences honteuses. Mariée contre son gré, elle avait servi Dieu à sa manière, dans la douceur, par la patience et l'opiniâtreté. Cette simple vie d'épouse était déjà sainte et pure.

Rita religieuse

Quelle liberté ?

La liberté? Vaste question! Qui peut connaître son prix? Quelles épreuves nous y mènent? Et n'est-elle pas sans cesse menacée? La notion chrétienne de liberté nous vient de saint Paul, lui-même. Elle nous place de plain-pied au cœur de la réflexion théologique de l'Apôtre ! De plus, elle nous met en phase avec l'aventure de foi et d'espérance que saint Paul a vécue ; car Paul ne sépare jamais la théorie de l'expérience et avant d'élaborer une théologie de "la liberté que nous avons dans le Christ", il a souffert et combattu pour elle : Soldat romain, il portait les mêmes vêtements que ceux qui lapidèrent Étienne ! Il "ne respirait encore que menaces et meurtres à l'égard des disciples du Seigneur" !

Seul avant la conversion

Son habitude était d'enchaîner tous les fidèles du Christ, hommes ou femmes, qu'il découvrirait en Damascène ! Il les emprisonnait au nom de la Loi ! Et voici qu'un beau jour, tout changea ! Paul devait passer de longues années dans les chaînes "à cause de l'Évangile". Le persécuteur devint persécuté, et même martyr ! Voici comment un strict légaliste a pu devenir un vrai serviteur de la Loi du Christ, en dépit de la loi civile de son époque ! Il s'agit d'une libération intérieure, dont l'Esprit Saint, sans doute, a pris constamment l'initiative, mais que Paul a dû assumer avec courage, en totale fidélité à la lumière qui l'avait désarçonné sur le chemin de Damas.

Métanoïa

Pour Rita, la souffrance amère, le deuil, accompagnèrent le début de sa liberté. C'est dans les larmes qu'elle put découvrir son indépendance. Qu'elle put devenir "autre au monde" et accomplir son destin. Ce qu'elle avait choisi, très tôt, en désirant devenir moniale. Le prix de la liberté peut sembler exorbitant. Mais le choix est ce qu'il y a de plus précieux! La liberté chrétienne nous demande de choisir Dieu! De revenir à lui quand nous nous en sommes éloignés par une conversion nouvelle qui est aussi une "conversion à soi-même", ce qu'on appelle parfois metanoïa. Ce fut l'enjeu de Paul, celui de Rita... Et celui de tout un chacun! Mais, heureusement, notre choix ne provient pas forcément d'aventures aussi dramatiques que celles qu'ont pu vivre les saints! Suivons Rita, dans l'avancée de sa vie. Dans sa ferveur et dans ses choix.

Quitter les tumultes du monde

Éperdue de reconnaissance, louant Dieu d'avoir bien voulu sauver ses proches, Rita, maintenant, se trouvait libre. Libre de s'offrir entièrement au Seigneur. Libre de servir Dieu comme elle l'avait toujours souhaité. Elle décida de quitter les tumultes du monde et de prendre le voile. Elle se rendit au monastère Sainte Marie-Madeleine de Cascia. Là, elle demanda qu'on l'accueille, car elle voulait devenir une sœur, une servante de Dieu gouvernée par la règle du grand saint Augustin.

Rejetée par les moniales

Seulement voilà: Le couvent n'accueillait que les vierges. En s'inspirant du Père Fondateur de l'ordre, saint Augustin, qui écrivit:

Aucune fécondité de la chair ne peut donc être comparée à la sainte virginité, même à la virginité corporelle. Si nous honorons cette virginité, ce n'est pas en tant qu'elle est virginité, mais en tant qu'elle est consacrée à Dieu; car si c'est dans la chair qu'elle se conserve.

Saint Augustin, "*De la Sainte Virginité*".
Œuvres complètes, édition de 1865.

Une veuve, pensait la mère supérieure, n'y avait pas sa place. Cependant, la question fut posée. Comme il est dit dans une relation de la vie de Rita:

Les moniales se réunirent plus d'une fois en chapitre pour traiter de la question de son admission et pour en délibérer, mais chaque fois, la fervente femme fut repoussée à l'unanimité.

Prières ferventes

Pauvre Rita! La voici bien découragée! Mais sa grande énergie l'empêcha de s'avouer vaincue! Comprenant qu'elle ne pouvait pas convaincre la communauté religieuse par elle-même, elle décida de demander de l'aide au Seigneur. Elle pria avec une ferveur renouvelée. Elle attribuait son échec à ses fautes. C'en était le châtiment, la juste punition, à ses yeux de chrétienne.

Le Schioppo

Rita a besoin de solitude, d'isolement. Car l'intensité de sa prière ne souffre aucune contingence. Courageusement, elle se rend de temps à autre au sommet du Schioppo. Il faut connaître cet endroit! C'est un pic rocheux d'environ 120 mètres d'altitude. Il se trouve à la sortie de Roccaporena. Il n'est pas facile de s'y rendre, le chemin est abrupt, jonché d'obstacles. Raison de plus pour y aller: Rita ne serait aucunement dérangée. L'hostilité de sa belle-famille lui pesait.

Splendeur et isolement

Le Schioppo est un lieu qui inspire le croyant. Par sa situation, sa configuration, il évoque la grandeur et la simplicité des lieux choisis par les Pères du Désert. On y est presque stylite ! Et la vue, sublime sur les environs de Cascia élève l'âme et nous montre la splendeur incommensurable de l'œuvre de Dieu : cette nature harmonieuse apaise et comble de joie celui que la ferveur favorise. Là, Rita est “chez elle”, sous le regard de Dieu !

Sous le signe de saint Augustin

Elle priait le jour comme la nuit : Rita dormait peu. Éperdue d'espoir, elle ne pensait plus qu'à son rêve, ce rêve de don de soi, ce rêve de vie pure, sainte et chaste, réglée par la règle austère de saint Augustin. Oui, saint Augustin, celui qui mena d'abord une vie peu chrétienne avant de s'amender ! Et l'on pense à Fernandino qui, lui aussi fit les “quatre cents coups” avant de revenir sainement sur la voie de la sagesse et de la rédemption. Saint Augustin, si humain, si tendre dans ses incomparables Confessions ne pouvait que parler au cœur de Rita ! Décidément, Rita voulait entrer au couvent !

Humilité

L'humilité fut décidément la grande vertu de sainte Rita. Arrêtons-nous un instant pour mieux comprendre son attirance pour la règle Augustine. Car, en effet, dans cet écrit du très saint évêque d'Hippone, un chapitre dont la lecture est fort éclairante, même si Rita ne l'avait pas encore lu avant d'entrer au couvent. Ce chapitre est celui de l'humilité. Et l'on y voit combien ce qui s'y trouve correspond, d'une façon merveilleuse, au caractère de Rita, de Rita la veuve, qu'on trouvait ridicule et dont on se moquait parce qu'elle voulait entrer dans les maisons des vierges :

Qu'ils ne s'élèvent pas non plus de ce qu'ils vivent avec ceux dont ils n'osaient approcher autrefois; qu'au contraire ils portent leur cœur vers le ciel, sans chercher ici des biens terrestres et vains, de peur que les monastères ne commencent à être salutaires aux riches, s'ils s'y humilient, et non aux pauvres, s'ils s'y enflent d'orgueil. D'un autre côté, ceux qui paraissaient être quelque chose dans le siècle, ne dédaigneront pas ceux de leurs frères qui, du sein de l'indigence, sont venus en religion; qu'ils s'attachent plutôt à se glorifier, non d'appartenir à des parents dans l'opulence, mais d'être admis dans la société de frères pauvres. Si de leurs biens ils ont donné quelque chose à la communauté, qu'ils ne s'élèvent pas: qu'ils ne s'enorgueillissent pas plus de leurs richesses en les donnant au monastère, qu'ils ne le feraient s'ils en jouissaient dans le monde. Hélas! tous les autres vices s'appliquent aux mauvaises actions pour les produire, mais l'orgueil s'attache même aux bonnes pour les faire périr; et qu'importe de distribuer ses biens aux pauvres et de se faire pauvre soi-même, quand l'âme est assez misérable pour devenir plus orgueilleuse en les méprisant, qu'elle ne l'était en les possédant? Vivez donc tous dans l'union et la concorde, et honorez mutuellement en vous le Dieu qui vous a fait ses temples.

"*Règle de saint Augustin*", Œuvres Complètes,
édition de 1865.

Nul doute qu'il fallait passer outre la condition, si nécessaire pourtant, de la virginité, et admettre Rita parmi les moniales. Car son humilité exemplaire lui donnait sa place de droit!

En salutaire expectative

Un soir, elle priait comme d'habitude. On sait comment l'intensité de la prière nous habite, nous autres chrétiens, comment elle remplit nos êtres et nous fortifie. Et combien elle nous rend réceptifs, attentifs... Dans cette belle concentration, dans cette offrande, tout devient prêt pour accueillir la voix du Seigneur ou d'un saint. Celui qui prie est en attente heureuse, en salutaire expectative.

Et, dans la prière, certains moments sont particuliers... Une sorte de silence nouveau se fait au fond de soi. On vit une impression de léger vertige, de trouble... ce n'est pas désagréable, mais on se demande ce qui arrive... L'âme semble vivre plus lentement, plus intensément, plus précisément: tout se passe d'une façon comparable aux ralentis qu'on voit dans les films. Cette impression est d'ailleurs, dans la vie, celle que l'on ressent avant certains événements importants. Et, la future sainte Rita s'ouvrit encore plus, prête, infiniment prête à se conformer à la volonté de Dieu!

Aplanir le chemin

Quelle est cette voix? Rita sursauta: qui donc lui parlait? Ne pouvait-on pas la laisser dans sa solitude pieuse? À minuit, de surcroît! Elle se retourna. Et voici, en vérité, qu'elle vit saint Jean-Baptiste! Celui qui prépara la venue du Sauveur. Celui qui aplanit les chemins, celui qui:

... *marche devant pour préparer la route du Christ!*

Seulement, nous sommes bien loin d'un chemin aplani! Rita voit saint Jean-Baptiste qui l'invite à se rendre au sommet du Schioppo. À cette heure? Rita obéit. Arrivée en ce lieu la voici seule. Alors, elle éprouva une grande sensation d'harmonie, de lucidité: dans l'altitude de cet endroit escarpé, elle reconnut, encore une fois la grandeur de Dieu et l'appel de la perfection religieuse qu'elle désirait tant. Et dans le précipice, elle s'effraya rétrospectivement de l'horreur de la chute qu'elle avait su éviter à son époux comme à ses fils!

Jean-Baptiste lui apparut à nouveau. Là, sur cette hauteur. Accompagné du cher saint Augustin, que Rita vénère particulièrement. N'a-t-il pas hésité avant de choisir la voie royale? Ne mena t-il pas une vie de débauche avant de s'obliger aux rigueurs d'une vie sainte et austère pour la gloire de Dieu ? Rita l'a tant prié pour, qu'à son exemple, son mari s'amende ! Et Rita a été exaucée ! Elle salue saint Augustin, avant de saluer un troisième nouveau venu…

Nicolas…

Qui est ce mystérieux personnage, encore peu connu ? Pourquoi accompagne-t-il Augustin et Jean-Baptiste ? Pour mieux comprendre le destin de Rita, il faut nous y attarder ! Il s'agit de Nicolas de Tarentino, qui vécut à la fin du siècle précédent et mourut en 1310, septante ans avant la naissance de Rita. Il n'est pas encore canonisé, même si sa vie exemplaire suscite l'admiration des chrétiens. Et pourquoi est-il là ? Pour encourager Rita ! Car, d'une façon quasiment ironique, la vie de Nicolas fut favorisée par une famille acceptant sa vocation ! À sept ans, il jeûnait trois fois par semaine !

À onze ans, il devint moine ! il fut reçu dans l'Ordre des Ermites de Saint-Augustin. Oui : de Saint Augustin qui se trouve là ! Et, Nicolas surnommé “corps de bronze” avait passé sa vie de moine en effrayantes mortifications. À quinze ans, il usait des chaînes, des ceintures de fer et des cilices ; il jeûnait quatre fois la semaine, mangeait peu et des mets les plus grossiers, ne couchait que par terre ou sur une paillasse. Puis il prêcha, convertit avec une inlassable patience, dans la joie du Christ ! Il fut agressé par le Diable lui-même, horripilé par cette vie trop pure à ses yeux ! Oui ! le Diable le frappa au point que Nicolas en resta boiteux. Il partageait son pain avec les pauvres.

Un jour, Nicolas allait distribuer du pain aux indigents. Chemin faisant, il rencontra l'abbé du monastère. Ce dernier lui demanda ce qu'il portait dans son panier :

- *Ce sont des fleurs*, répondit-il.

Puis il montra le pain changé en roses. Des roses ! Encore un signe de fraternité avec Rita ! Vraiment, la compagnie de ces hommes si fervents durant leur existence ne pouvait que réconforter la pauvre Rita, chassée du monastère ! Elle se sentit rassérénée. Imaginons Rita, toute simple et fragile, dans la nuit, éprouvant la grande merveille d'être accompagnée de si merveilleuse manière !

Malgré les portes closes

Les trois saints emmenèrent Rita au monastère. Au matin, les moniales découvrirent Rita, dans leur maison ! Comment y était-elle entrée ? Les lourdes portes, bien fermées, garantissaient le cloître de toute incursion ! Alors, Rita leur raconta son aventure. Simplement, comme elle l'avait vécue... Les sœurs, ébahies, se réunirent en chapitre, afin de décider du sort de la nouvelle venue...

Cette communauté comptait dix religieuses dirigées par une Abbesse. On ne sait ce que furent les débats. L'opposition à l'entrée de Rita avait été sans appel. Mais maintenant ? Son entrée dans le bâtiment était-il un miracle ? Et si elle mentait ? Et si c'était une affabulatrice, comme on en voyait tant ? Chaque époque troublée voit une cohorte d'insensés battre la campagne, prophétiser, délirer dans des rêveries véhémentes et mystiques ! L'Église a parfois de la peine à reconnaître les vrais dévots des pauvres misérables qui ont perdu l'esprit et dont la folie est parfois dangereuse ! D'autre part, le malin a bien des tours dans son sac ! Et s'il se servait de Rita pour corrompre les moniales ? On débat, on tergiverse.

Et, finalement, on admet la veuve, la non-vierge au curieux prénom, qui est un diminutif. Rita entre au couvent. Au noviciat, Rita perfectionne sa connaissance de l'Écriture Sainte. Elle s'acharne à comprendre de plus en plus profondément les saints mystères. Elle lit les vies des Pères du désert. C'est une période d'étude et de recueillement. Rita, dans son désir de Dieu, découvre la soif de culture sacrée. Elle apprend la psalmodie de l'Office divin et récite le Rosaire. Elle donne tous ses biens au monastère.

Rita, malgré son grand désir de s'offrir à Dieu, ne s'adapta pas tout de suite à la vie austère du cloître. Elle était assez différente des autres moniales qui, pour la plupart, n'avaient aucune expérience de la vie ordinaire de l'extérieur. Cette différence engendra même, parfois, certaines hostilités. Le monde clos du couvent est parfois agité par des querelles, des rancœurs sourdes, des rivalités... Pourtant, Rita demeurait humble et s'astreignait, sans rechigner, aux plus durs travaux. Mais son humilité même déplaisait parfois... Certaines trouvèrent que Rita "en faisait trop"... Et pourtant !

Tentations

Et pourtant, Rita se mortifie ainsi car elle lutte contre la tentation ! Quoi de plus naturel ? Rita a connu la vie extérieure ! Elle n'est pas, comme les autres moniales, entrée jeune au couvent : Elle a connu la tendresse d'un époux qui, malgré ses accès de brutalité, n'était pas un mauvais homme, ce que sa conversion a prouvé. La vertu de chasteté est exigeante. Comment celle qui fut une épouse aimante pourrait la pratiquer sans difficultés ? Eh oui, Rita, notre chère auxiliatrice, est d'autant plus grande qu'elle est profondément humaine, qu'elle fut une femme pleine de vie, d'énergie ! Qu'elle avait soin de tenir son ménage et de se soumettre avec entrain à ses devoirs, à ses tâches, à ses obligations... Autre état, autres vertus !

Le Breve racconto

Pauvre Rita ! La voici qui lutte avec acharnement contre son désir de retourner dans le siècle ! Un récit, le *Breve racconto* résume ses épreuves d'une façon saisissante. Il s'agit d'une relation fort résumée de sa vie rédigée d'après d'anciennes sources perdues. La beauté de ce texte est d'autant plus surprenante qu'il est succinct. Car il s'agit d'un document d'ordre légal, d'une pièce juridique servant à éclairer les juges ecclésiastiques de son procès en béatification en l'an de grâce 1628 :

Et parce qu'elle savait combien la mortification et la discipline du corps peuvent aider l'âme à s'élever vers le Ciel, elle le maîtrisait par des jeûnes et de grandes pénitences. Entre la nuit et le jour elle se donnait la discipline à trois reprises jusqu'au sang: la première fois, elle recommandait à Dieu les âmes du Purgatoire, ensuite ses bienfaiteurs, et la troisième fois, les pécheurs. Cela déplaisait fortement au diable, qui tenta de l'effrayer en faisant naître en elle un scrupule: en se flagellant ainsi, ne risquait-elle pas de se faire mourir? Parfois, il cachait la discipline. Elle portait sur elle en permanence un cilice rugueux en soies de porc qu'elle avait tissé de ses mains, et elle avait cousu dans son habit religieux des épines très pointues qui la transperçaient au moindre mouvement. Elle jeûnait au pain et à l'eau et faisait trois carêmes par an avec une égale rigueur; elle observait par dévotion de nombreuses veilles, en plus de celles prescrites par l'Église, spécialement en l'honneur de la Sainte Vierge. Et s'il lui arrivait d'éprouver les effets de la fragilité humaine par quelque tentation sensuelle, tantôt elle se brûlait un doigt, tantôt elle mettait un pied dans les flammes, jusqu'à ce qu'elle constate que ce feu avait éteint la flamme impure de la concupiscence.

En plus de ses mortifications, Rita se livre à la contemplation. Elle attache son esprit à la Passion du Christ. Le *Breve racconto*, nous la présente ainsi, poursuivant les contemplations de sa jeunesse:

Pour aider son imagination à rester toujours occupée des mystères célestes sans se laisser distraire inutilement par des objets moins dignes, elle se représentait les diverses parties de sa pauvre maison comme les différents lieux de la cruelle Passion du Sauveur. Ainsi, dans un coin, elle reconnaissait le Mont Calvaire, dans un autre le Saint Sépulcre, ailleurs la Colonne de la flagellation, et il en allait de même de tous les autres mystères. Cette application l'aida tellement qu'elle la renouvela plus tard, au monastère, dans l'espace restreint de sa petite cellule.

Jacques de la Marche

Lors du carême de 1425, saint Jacques de la Marche (1391-1476), un Franciscain, prêcha tous les jours à Cascia. Voici un grand saint! Un prêcheur impeccable! Il était originaire de la Marche d'Ancône, d'où son surnom. Très jeune, il voulut se faire Chartreux. Mais il rencontra des Franciscains qui le convainquirent de les rejoindre. Il ne dormait que trois heures par nuit, afin de prier jusqu'au matin devant un crucifix. Son éloquence, portée par l'immense souffle de la charité, fit merveille! En Allemagne, il a converti deux cents jeunes gens en un jour! Un tel succès suscita des jalousies.! À tel point que des hérétiques voulurent l'empoisonner. Devant la nourriture fatale, Jacques fit le signe de croix: le plat se brisa en mille morceaux. Il évangélisa Prague, le Danemark, la Norvège avec un succès constant! On essaya à nouveau de l'empoisonner: il avala le breuvage mortel qu'on lui tendait et ne ressentit aucun trouble. Il revint en Italie. Un jour, un passeur refusa de lui faire traverser le Pô, Jacques étendit son manteau sur le fleuve. Il se dressa sur le tissu, qui le soutint prodigieusement et rejoignit l'autre rive. On comprend qu'un tel homme ne pouvait que plaire à Rita! Elle fut profondément touchée, voire bouleversée par un prêche de Jacques, le Vendredi Saint... En ce jour, les âmes pieuses pensaient, plus intensément qu'à l'ordinaire, aux tourments subis par Jésus, le Christ Roi, notre Sauveur.

Rita au jour le jour : au risque de se perdre

Engagement exemplaire

Suivons Rita dans l'aventure cruciale de la foi intime, ultime. Allons vers elle ! Sa splendeur doit nous inspirer ! Le grand désir de Dieu l'a animée. Elle a su le vivre au quotidien ! Que son exemple éclaire notre vie chrétienne. Quelles difficultés, quelle aventure que cette vie de femme ! Comprenons au mieux le sens de cet engagement formidable ! De cette immense humilité ! De cette soumission exemplaire au Seigneur, car il est Dieu, le Père, Créateur du Ciel et de la Terre, de Dieu, le Fils qui a donné sa vie pour nous, de Dieu, le Saint-Esprit qui est le souffle primordial à l'origine de toute chose et être. Car Dieu, l'Unique en trois personnes est le Seigneur du monde : il est juste et bon de lui rendre grâce.

Moment crucial

Rita sent, en son âme, un grand désir. Un appel sans concession. Elle veut éprouver en partage les tourments du Seigneur. Elle sait qu'en elle, il y a cette force, cette pureté. Il faut qu'elle subisse une souffrance rédemptrice ! Dieu est avec nous, en nous comme nous sommes en Lui. Et Rita le ressentait avec une vivacité hors du commun. Elle demande humblement ce signe d'amour et d'alliance... Et la voici, dans sa cellule. Elle regarde le crucifix. Elle le contemple d'abord, comme on hésite devant une épreuve, un combat. Jamais le Christ ne lui a paru aussi grand ! Ni aussi resplendissant ! Ni aussi proche... L'heure est aussi précieuse que grave. C'est un moment crucial, au sens propre...

Le miracle de l'épine

Alors, elle se jette aux pieds du Crucifix. Elle appelle l'épreuve. Elle veut la douleur ! Et c'est en 1432 qu'elle reçoit la grâce d'une stigmatisation : se détachant du crucifix, une épine de la couronne du Christ la blesse au front. Sa plaie ne se refermera pas avant sa mort. Et les traces de cette blessure dureront encore : l'auteur du *Breve racconto* affirme que, deux siècles après la mort de Rita, sont corps n'était toujours pas corrompu. Et la plaie était encore visible sur le front de la sainte. Lors des exhumations du corps de la Sainte, en 1972 et en 1997 les spécialistes ont attesté l'existence d'une altération osseuse au-dessus de la glabelle !

Cette plaie fut l'occasion d'une rude épreuve. Car elle devint nauséabonde ! Et sainte Rita répandait autour d'elle une odeur infecte. Aussi dut-elle s'isoler et connaître l'épreuve de la solitude, vivant comme un paria. En 1446, il fut décidé que les moniales iraient en pèlerinage à Rome. Un grand événement allait avoir lieu : la canonisation de saint Nicolas de Tolentino ! Rita n'aurait raté pour rien au monde ce moment exaltant durant lequel les mérites de celui qui l'a accompagné, avec Jean-Baptiste et Augustin, jusqu'au couvent seraient reconnus à leur juste grandeur !

Pèlerinage

Mais les sœurs Augustines de Cascia ne l'entendent pas de cette oreille ! Avec des prodiges de diplomaties, elles s'acharnent à convaincre Rita de rester au couvent ! Son stigmate, comme son odeur auraient sans doute scandalisé les pèlerins dans la Capitale de la Chrétienté ! Rita réagit vite. Et de la meilleure façon : elle prie. Et son stigmate disparaît, comme son affreuse odeur. Au retour de Rome, la plaie réapparaîtra, la puanteur aussi...

Une rose et deux figues

La vie monacale repris, avec ses travaux réguliers, ses prières quotidiennes. De nombreuses années de dévotion passèrent et Rita vieillit dans le service du Seigneur. En 1447, la voici fort souffrante. Elle est alitée. Et l'on ressent l'approche de la mort. Une de ses cousines vient alors la visiter. Elle trouve Rita fort affaiblie. Juste avant la fin de la visite, elle demande à Rita si quelque chose lui ferait plaisir.

- Une rose de mon jardin de Cascia. Deux figues... Cueille-les pour moi! Apporte les moi!

La cousine est attristée: Rita est vraiment en train de perdre la raison! Des roses! Des figues! en plein hiver!

La sainte des roses

Pour s'en retourner chez elle, elle doit passer en face de la maison de Rita. Un coup d'œil sur le jardin... La cousine n'en croit pas ses yeux! Dans ce jardin, que voit-elle? Un rosier dépouillé de feuilles, recouvert de neige et qui porte une rose épanouie! Et, sur le figuier, charnues à souhait, elle découvre deux figues. Elle cueille la fleur et les fruits et les porte à la malade. Rita est appelée "la sainte des roses". Non seulement à cause de cet événement, mais en rapport à la "rose mystique", qui symbolise la pureté et qui constitue l'un des attributs de Marie, Vierge et mère à la fois...

Une mort dans la paix du Christ

Le *Breve racconto* relate ainsi les derniers jours de Rita, la sainte veuve de Cascia:

Déjà s'approchait l'heure du bienheureux trépas de sainte Rita, quand notre Rédempteur lui apparut en compagnie de sa sainte Mère pour l'inviter au Paradis. Alors, toute joyeuse, elle demanda les derniers sacrements et se prépara à quitter ce monde. Son faible corps usé par les jeûnes et les pénitences allongé sur sa pauvre couche, tout entière abîmée dans la contemplation des choses célestes, elle s'éteignit paisiblement dans le

Seigneur tandis que, subitement, les cloches de l'église se mettaient à sonner toutes seules. La bienheureuse mourut le samedi 22 mai 1447 à l'âge d'environ soixante-dix ans.

À sa mort, une lumière splendide se répandit dans sa cellule. Puis, une odeur merveilleuse se répandit dans le couvent. Les sœurs, ébahies, virent l'âme de Rita, auréolée de gloire, s'élever vers Ciel.

Le menuisier infirme

Le premier miracle de sainte Rita eut lieu avant même qu'on l'ensevelisse ! Un ancien menuisier de Cascia vint se recueillir devant sa dépouille. Cet homme avait été la victime d'un accident qui l'avait rendu infirme. Il ne pouvait plus travailler. Devant le corps de Rita, il s'écria :

- *Si je n'étais pas estropié, je lui construirais, moi, son cercueil !*

Aussitôt, son infirmité disparut. Et cet homme fabriqua le premier cercueil de la future sainte. Un poème, daté de 1457, est gravé sur le couvercle du cercueil de Sainte Rita :

Ô bienheureuse, en ta fermeté et vertu,
Quand tu as rayonné dans la Croix
Les peines aiguës que tu ressentais,
Laissant la vallée triste du monde,
Pour guérir tes plaies cuisantes et cachées,
Dans cette Passion si terrifiante,
Quel grand mérite n'as-tu pas gagné,
Puisque, par-dessus toute femme, il te fut donné
De recevoir une des épines du Christ.

Ni pour un prix de ce monde, ni pour un salaire
Que l'on aurait pu prendre pour un trésor,

Elle ne voulut autre chose que de se donner toute.
Et il ne te sembla jamais être assez pure !
Alors que pendant quinze ans tu souffris l'épine,
Pour aller vers la vie plus joyeuse.

Miracles, béatification, canonisation

La réputation de sainte Rita lui amena de nombreux visiteurs. Et des miracles eurent lieu sur sa tombe. Au début du XVIe siècle, sa renommée se répand dans toute l'Italie. Puis elle s'étend sur les autres pays d'Europe. Béatifiée, après de longues enquêtes, en 1628, elle n'a été canonisée que le 24 mai 1900.

C'est un moine, un religieux espagnol, de l'Ordre des Augustins, qui la surnomma "avocate des causes impossibles" au début du XVIIe siècle. On l'appelle, le plus souvent, "patronne des causes désespérées". Il est de fait que Rita est toujours bienveillante pour ceux qui souffrent, et pour les problèmes graves dont on ne voit pas la solution.

Table des Matières

Cet ouvrage a été achevé d`imprimer
par Pulsio Sarl, Paris en mars 2019
Imprimé en UE